한국민요의 남도적 융합
순창 농요
금과 들소리

※ 이 책은 순창군 문화예술 분야 지방보조사업 예산지원을 받아 간행되었습니다.

전북대학교 농악/풍물굿 연구소 총서 09
한국민요의 남도적 융합
순창 농요 금과 들소리

초판1쇄 발행 2024년 12월 30일

지은이 김익두 · 허정주

주간 조승연
편집 · 디자인 오경희 · 조정화 · 오성현
　　　　　　　신나래 · 박선주 · 정성희
관리 박정대

펴낸이 홍종화
펴낸곳 민속원
창업 홍기원
출판등록 제1990-000045호
주소 서울 마포구 토정로25길 41(대흥동 337-25)
전화 02) 804-3320, 805-3320, 806-3320(代)
팩스 02) 802-3346
이메일 minsokwon@naver.com
홈페이지 www.minsokwon.com

ISBN　978-89-285-2066-4　94380
SET　　978-89-285-0871-6　94380

ⓒ 김익두 · 허정주, 2024
ⓒ 민속원, 2024, Printed in Seoul, Korea

이 책은 저작권법에 따라 보호를 받는 저작물이므로 무단전재와 복제를 금지하며,
이 책의 전부 또는 일부를 이용하려면 반드시 저작권자와 출판사의 서면동의를 받아야 합니다.

전북대학교 농악/풍물굿 연구소 총서 09

한국민요의 남도적 융합

순창 농요
금과 들소리

김익두 · 허정주

민속원

화보

〈그림 1〉 2011년 순창군 금과면 매우리 478-3에 세워진 순창 농요 금과 들소리 비석 모습
(ⓒ 김익두, 2024)

〈그림 2〉 2011년 금과면 매우리 478-3에 세워진 순창 농요 금과 들소리 공연장(ⓒ 김익두, 2024)

〈그림 3〉 2007년에 금과면 478-3에 세워진 순창 농요 금과 들소리 보존회 전수관(© 김익두, 2024)

〈그림 4〉 순창 농요 금과 들소리 역대 회장들 모습(© 김익두, 2024)

〈그림 5〉 2002년도 제43회 전국민속예술축제 종합최우수상장(ⓒ 김익두, 2024)

제 32 호

전라북도무형문화재 보유단체 인정서

보유단체명 : 순창농요금과들소리보존회
소　재　지 : 순창군 금과면 방대로 655-17

「전라북도 무형문화재 보전 및 진흥에 관한 조례」 제4조제1항에 따라 위 단체를 전라북도무형문화재 제32호 순창농요금과들소리의 보유단체로 인정합니다.

2005년 3월 11일

전 라 북 도 지 사

〈그림 6〉 전하북도 무형문화재 인정서(© 김익두, 2024)

〈그림 7〉 제5회 농협문화복지대상 상패
(ⓒ 김익두, 2024)

〈그림 8〉 제5회 고성농요보존회와의 자매결연패
(ⓒ 김익두, 2024)

머리말

민요民謠란 예로부터 민중들 사이에서 불려오던 소박한 노래이며, 민중들 사이에서 자발적으로 생겨나서 전해지는 노래이다.

이것은 오랜 구전口傳의 과정을 통해서 전개되어온 그 음악 공동체 음악 전통의 소산으로서, 현재를 과거와 결부시키는 연속성連續性(continuity), 그 공동체의 개인 혹은 집단의 창조적 충동에서 생겨나는 변이성變異性(variation), 그리고 오늘날까지 살아남은 민요가 그 구체적인 모습을 결정하도록 해주는 그 음악 공동체에 의한 선택성選擇性(selection) 등을 그 중요한 속성으로 가지고 있다.[1]

이 정의에는 다시 다음과 같은 더욱더 명확한 설명이 더 첨가될 수 있다. 민요民謠라는 개념은, 그 미발달의 초기에서부터 대중음악 혹은 예술음악에 영향을 받지 않고, 애초부터 어떤 음악-공동체에 의해서 전개되어온 성악에 적용할 수 있으며, 개인 작곡가에 의해 창작된 음악이라 하더라도 그 후에 기록되지 아니하고 공동체의 살아있는 전통으로 동화되어버린 성악에도 적용할 수 있다.

이 민요民謠라는 개념 속에는, 이미 만들어진 채로 공동체에 의해서 받아들여져서, 변화하는 일이 없이 그대로 지속되는 '대중음악'은 포함하지 않

---

[1] Maud(1973), Karpeles, *An Introduction to English Folk Song*, Oxford : Oxford University Press, p. 3.

는다. 왜냐하면, 어떤 음악에 민중적인 성격을 부여하는 것은, 공동체에 의한 음악의 제작과 재창조이기 때문이다".[2]

이 인용문에서 분명해지는 것은, 세 가지 종류의 노래, 곧 민요와 대중가요와 예술가요의 차이점이다. 즉, '민요'는 어떤 공동체에 의해서 제작되고 재창조 되는 노래이고, '대중가요'는 어떤 개인이나 대중에 의해 이미 만들어진 채로 공동체에 의해 받아들여져서, 크게 변화하는 일이 없이 그대로 지속되고 있는 성악이며, '예술가요'는 어떤 개인 예술가에 의해서 창작된 노래이다.

이러한 주요 특징을 가진 민요는 좁은 의미에서는 현재 다른 전통문화들과 함께 그것이 전승되던 삶의 현장에서 사라졌지만, 넓은 의미에서는 인류의 역사와 더불어 계속될 것이다. 현장에서 사라진 민요라고 하더라도 그것은 아직도, 그리고 앞으로 더욱, 우리에게 두 가지 중요한 것을 가져다 줄 수 있기 때문이다.

첫째, 민요는 그 민요를 이루어 전승해온 그 민요-공동체가 가지는 기층의 근원적인 정서와 정체성을 확보해 줄 수 있다.

둘째, 그것은 새로운 공동체 음악 혹은 민족음악을 이루어 나아가는 데 있어서, 매우 필수적인 '**토종-유전자**'를 확보해 준다.

'토종 유전자'가 없으면 유전공학이 불가능하듯이, 우리 음악문화의 '토종 유전자'가 없으면 진정한 의미에서의 우리의 독창적인 음악문화도 있을 수 없다. 세계가 길 건너의 가까운 이웃이 되어버린 이 '문화-상호주의' 시대에, 이웃들과 서로 교환할 '**토종문화**' 유전자와 그것을 토대로 한 '창조적 밀실의 독창성'이 없다면, 늘 일방적으로 수입하여 가져와야만 하고, 상호

---

2 Ibid., p. 3.

적으로 주고받는 호환성이 없어져서, 결국 그런 음악적 정체성과 독자성이 없는 민족이나 나라는 새로운 문화 식민지로 전락하게 되고 말 것이다. '우리'의 음악문화 전통 속에서 '나'를 찾고, 거기서부터 우리의 음악문화를 주체적으로 정초해 나아가야 할 필연적인 이유가 여기에 있다.

이 책은 전북민요, 그 중에서도 전북 '동남부-산간분지민요권'에 속해 있는 순창군 금과면 농요 들소리 곧 논농사노래에 관한 조사 자료들을 종합적-체계적으로 정리한 순창 금과 들소리의 민족지民族誌/ethnography이다.

전북의 민요는 노동요를 중심 근거로 보아 전체적으로, 무주·진안·장수를 중심으로 하는 동북부-산간 민요권, 임실·남원·순창을 중심으로 하는 동남부-산간분지 민요권, 익산·군산·김제·부안을 중심으로 하는 서북부-평야 민요권, 정읍·고창을 중심으로 하는 서남부-산간평야 민요권, 그리고 고군산열도·위도·선유도·무녀도 등을 중심으로 하는 서해-해안도서 민요권 등으로 구분된다.

이 중에 이 책에서 다루고자 하는 순창 금과 들소리가 전승되는 지역은 두 번째 민요권인 동남부-산간분지 민요권에 속해 있는 지역으로, 전북-동남부 지역과 전남-동북부 지역이 만나는 접경지역이다.

이 지역은 이러한 지역적-문화적 성격으로 인해서, 전남지역에서부터 전파되어 올라온 육자배기토리 민요 음악어법의 성격을 그 중심 기반으로 하면서, 여기에 전북 동북부-산간 민요권으로부터 전파되어온 내려온 우리나라 동부-메나리토리 민요와 전북 서북부-평야 민요권 쪽으로 해서 전파되어 내려온 서울-경기지역의 경토리 민요, 그리고 심지어 이쪽을 통해서 전파되어 내려온 평안도·황해도 쪽의 서도토리 민요의 음악어법까지도 실제로 영향을 미치어서, 민요학적으로 볼 때 다른 지역 들소리에서는 찾아보기 어려운 매우 독특한 음악적 특성을 이루어 놓고 있어서, 우리나라 민요를 연구하는 학자들의 각별한 주목을 받아 왔다. 이러한 독특한 특성에 대해 한 원로 민요학자는 우리나라 민요의 '**터미널**'과 같은 특성을 이루어 놓은 들소리라는 말로 표현하기도 한다.

이 순창 금과 들소리에 관한 연구로는 『전북의 민요』(김익두, 전주: 사단법인 전북애향운동본부, 1989), 『전북의 노동요』(김익두 외, 전주: 전북대 박물관, 1990), 『한국민요대전(전라북도편)』(김익두 외, 서울: 문화방송, 1995), 『순창 구전 민요집』(박순호, 전주: 전주향토문화연소, 2004), 『순창의 민요』(이소라, 순창: 순창금과들소리보존회, 2005), 『순창 금과 들소리의 민요문화적 의미와 무형문화유산적 가치』(김익두·나승만외, 서울: 민속원, 2024) 등이 있어 왔으며, 이 중에서 특히 가장 최근에 나온 『순창 금과 들소리의 민요문화적 의미와 무형문화유산적 가치』라는 연구서는 이 순창 농요 금과 들소리에 관한 최초의 가장 본격적 연구서이다. 이 연구서에서 이 순창 금과 들소리의 민요사적 가치와 민요문화적 의미가 구체적으로 논의·구명되었다.

그럼에도 불구하고 이 순창 금과 들소리가 구체적으로 어떤 것인지를 종합적으로 정리한 민족지民族誌 책자가 없다는 것이 본 순창 금과 들소리를 연구하는 학자들에게는 많은 아쉬움이 있어 왔다.

이 책의 저자들은 이러한 문제점에 부응하기 위해 본 민족지적 연구서를 저술·간행하게 되었으며, 이런 점에서 본 저술의 의의와 가치를 부여할 수 있지 않을까 한다.

이 책은 순창 금과 들소리에 관한 모든 자료들을 종합적으로 조사·정리한, 순창 금과 들소리의 민족지적 종합 연구서이다.

이를 위해 이 책의 연구자들은 다음과 같은 점들에 초점을 맞추어 이 책을 기술하였다.

첫째, 우선 금과 들소리가 전승되고 있는 순창군 금과면 일대, 곧 금과면 매우리를 중심으로 한 금과면 일대 들소리 전승 현장의 현지조사 자료들을 일차적으로 종합하였다.

둘째, 지금까지 나온 순창 금과 들소리 관련 자료들[기록 자료, 책자, 음원 자료, 사진 자료, 동영상 자료 등]을 종합적으로 조사·정리하였다.

셋째, 현지조사 자료들 및 기존의 관련 자료들 중에서 금과 들소리 자체와 괴리되거나 잘못된 자료들은 자료들 사이의 상호-검증을 통해서 최대한 바로잡았다.

이 책은 또한 다음과 같은 기술 방향과 방법으로 이루어졌다.

첫째, 이 책의 학문적 방향은 전체적으로 '민족음악학ethnomusicology'의 관점과 연구방법을 활용하고자 하였으며, 여기에 '민족공연학ethno-performance studies'의 방법을 융합하는 방향을 취하고자 하였다. 이러한 방향과 방법은 이 책의 저자들이 오랫동안 취해본 학문적 방향이자, 이 책의 연구 방향에 가장 잘 부합된다고 판단하였기 때문이다.

둘째, 먼저 순창 금과 들소리에 영향을 미친 주요 자연-인문환경을 먼저 기술하여 금과 들소리의 일차적인 전승 맥락을 드러내고자 하였다.

셋째, 금과 들소리와 직간접적으로 연관된 순창 금과면 지역의 역사와 문화에 관해 약술하였다.

넷째, 다음으로는 좀 더 범위를 좁혀서, 순창 금과 들소리 자체의 역사와 전승 계보를 기술하였다. 주지하다시피, 금과 들소리와 같이 그 역사적 기록들이 거의 전무한 구비전승 민요의 '역사'를 기술한다는 것은 어쩌면 매우 위험한 도전일 수도 있겠으나, 이 민요의 역사적 맥락을 가늠하고자 하는 의도에서 성글게나마 이 민요의 역사적 전개 과정을 살펴보고자 하였다.

다섯째, 2023년도에 학술대회를 거쳐 확보된 순창 금과 들소리에 관한 전문 학자들의 연구 결과들을 근거로 하여, 금과 들소리의 민요문화적 성격과 특성을 자세히 기술하였다.

여섯째, 순창 금과 들소리를 전승해온 노동관행과 금과 들소리의 관련

양상을 조사·기술하였다.

 일곱째, 순창 금과 들소리를 구성하는 주요 주성요소들에 관해 구체적으로 기술하였다.

 여덟째, 순창 금과 들소리의 연행 절차와 구체적인 방법을 자세히 기술하였다.

 아홉째, 결론적인 내용을 기술하는 장에서는, 앞장에서 기술한 내용들을 종합하여, 순창 금과 들소리의 무형무화유산적 가치들을 도출하여 정리하였다.

 열째, 마지막으로, 순창 금과 들소리의 미래와 앞으로의 과제에 관해서 기술하였다.

 이 책의 간행은 순창 농요금과들소리보존회와 순창군의 도움이 없었으면 불가능하였다. 특히, 순창 농요금과들소리보존회의 김봉호 회장님과 최영일 순창군수님 및 순창군의회 손종석 의장님과 신정이 의원님, 그리고 전인백 순창문화원장님의 각별한 배려는 이 책의 탄생에 있어서 반드시 기억되어야만 할 노고들이다. 이 자리를 빌려, 이 분들께 깊은 감사의 마음을 표한다.

 아무쪼록, 이 책이 순창 금과 들소리의 민요사적 의의와 우리 민요 음악문화 상의 각별한 의미, 그리고 무형문화유산적 가치를 제대로 밝히는 데 있어서, 이 분야의 전문 학자 분들은 물론이고 이에 관심이 있는 일반 독자 분들께도 미력이마나 도움이 되기를 간절히 바란다.

2024년 12월 1일
사단법인 민족문화연구소
소장 김익두 삼가.

목 차
Contents

화보 4
머리말 10

제1장 순창 금과 지역의 자연-인문 환경 | 19
   1. 자연환경 ·· 20
   2. 인문환경 ·· 24

제2장 순창 금과 지역의 역사와 문화 | 35
   1. 역사 ··· 36
   2. 문화 ··· 43

제3장 순창 농요 금과 들소리의 역사와 전승계보 | 77
   1. 역사 ··· 78
   2. 전승계보 ·· 90

제4장 전북민요 민요권 상에서의 순창 농요 금과 들소리 위상과 특성: 한국 민요의 남도적 터미널 | 93

1. '금과 들소리'에 전파·작동된 한국민요들의 음악어법들 ·················· 94
2. 전북민요의 전반적 분포 양상과 권역별 특성 ···························· 97
3. 전북민요의 민요권별 특성과 동남부-산간분지 민요권 민요의 특성 ······ 124
4. 전북 동남부-산간분지 민요권 민요와 순창 들소리 ······················ 128

제5장 순창 금과 지역 노동관행과 금과 들소리 | 151

1. 순창 금과 지역의 논농사 노동관행과 금과 들소리의 상관성 ············ 152
2. 금과 지역의 노동 관행과 그에 따른 금과 들소리의 전개 ················ 161

제6장 순창 농요 금과 들소리의 구성요소들 | 179

1. 가창자: 품앗이꾼들/들소리보존회원들 ·································· 181
2. 들소리 ·· 182
3. 반주음악—풍물패 굿가락 ·· 211

제7장 순창 농요 금과 들소리의 연행 절차와 방법 | 221

17

제8장 순창 농요 금과 들소리의 무형문화유산적 의미와 가치 | 289

제9장 순창 농요 금과 들소리의 미래와 과제 | 295

부록1: 순창농요금과들소리보존회 회원명단 300
부록2: 순창농요금과들소리보존회 단체사진 302
참고문헌 303
찾아보기 305

제1장
순창 금과 지역의
자연-인문 환경

제1장
순창 금과 지역의
자연-인문 환경

1. 자연환경

'순창 금과 들소리'가 전승되고 있는 전북특별자치도 순창군 금과면 매우리 일대는 자연-지리적으로 전북특별자치도 동남부-산간분지지역에 속하는 지역이다.

전북특별자치도 지역은 대체로 동북부-산간지역, 동남부-산간분지지역, 서북부-평야지역, 서남부-산간평야지역, 서해-도서지역 등 5개 지역으로 나눌 수 있는데,[1] 순창 금과 들소리가 전승되고 있는 지역은 이 중에서도 바로 동남부-산간분지지역에 속해 있다(<그림 1> 참조).

---

1   김익두(2012), 『한국민요의 민족음악학적 연구』, 서울 : 민속원, 43~44쪽.

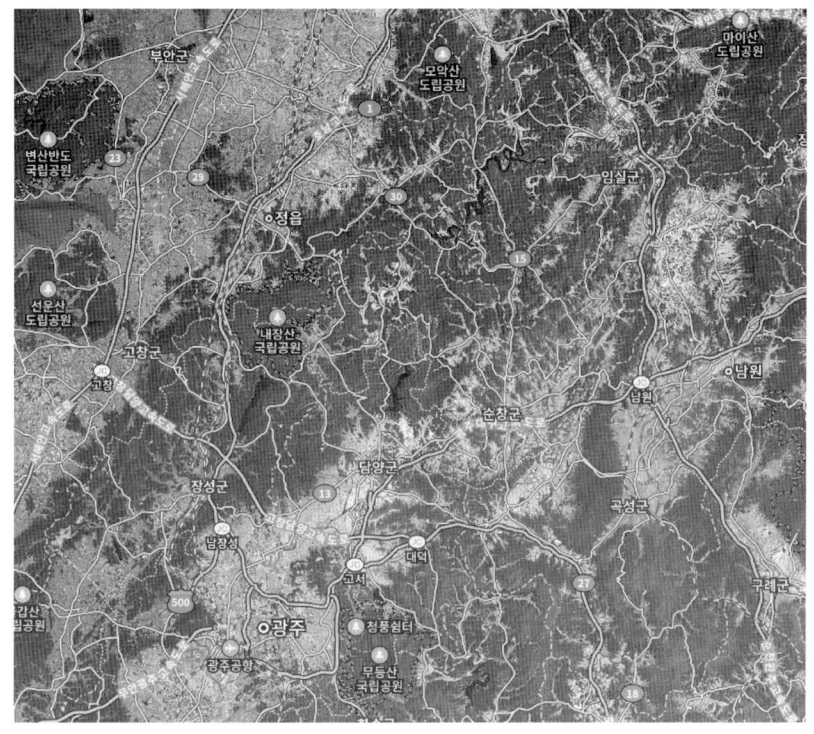

〈그림 1〉 순창군의 지리적 위치

이 지역은 전북 동남부-산간분지 지역인 이른바 '임·순·남' 지역 곧 임실·순창·남원을 중심으로 하는 지역으로서, 동쪽으로는 남원과 인접해 있고, 남쪽으로는 전남 담양, 서쪽으로는 정읍, 북쪽으로는 임실과 인접해 있는 산간분지 지역이다.

다음으로, 금과 들소리가 전승되고 있는 순창군 금과면 지역의 지리적 위치를 보면 다음 〈그림 2〉와 같다.

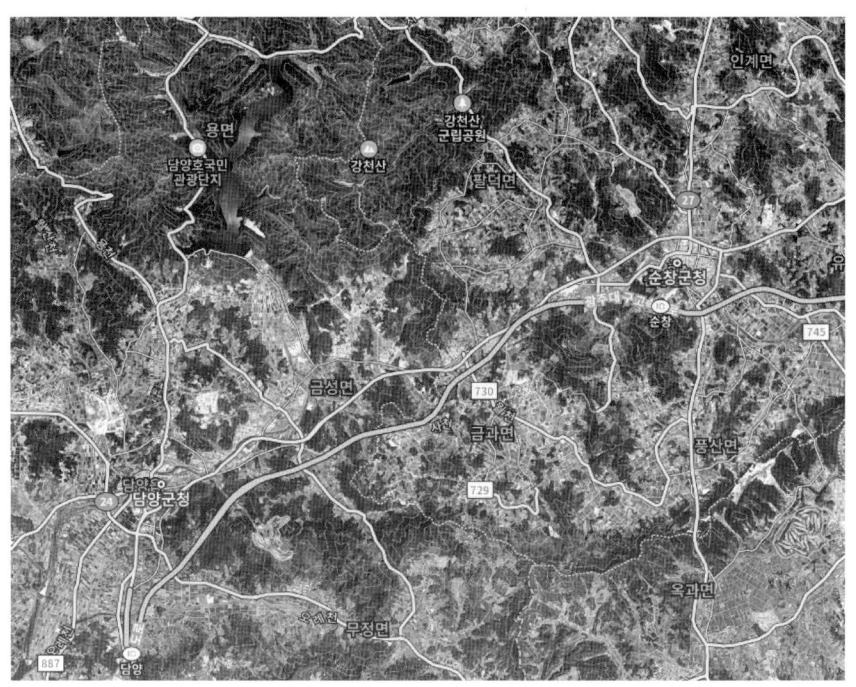

〈그림 2〉 순창 금과면의 지리적 위치

이 지역의 지리적 위상을 인근 지역의 지리적 위치와 관련하여 살펴보면, 금과면 동쪽에는 전북특별자치도 순창군 풍산면이 위치해 있고, 동남쪽으로는 전남 담양군 옥과면, 남쪽에는 전남 담양군 무정면, 서남쪽에는 전남 담양군 담양읍, 서북쪽에는 전남 담양군 금성면, 북쪽에는 순창군 팔덕면, 그리고 북동쪽에는 순창읍이 빙 둘러싸고 있음을 볼 수 있다. 이러한 지리적 위치는 이 지역이 전북특별자치도에 속해 있으면서도, 사실은 전라남도와 전북특별자치도와의 경계지역에 속해 있음을 매우 분명하게 보여주고 있다.

이러한 사실은 이 지역이 민요-지리학적으로 이른바 '**경계지역**boundary area'이라는 것을 분명히 보여주고 있으며, 문화적으로 서로 다른 성격의 지역문화들이 충돌하는 '**문화접변**' 지역이라는 점을 지리적으로 분명히 인식하게 해준다.

지형-지세 면에서 보자면, 이 순창 금과면은 다음 <그림 3>과 같은 양상을 보여주고 있다.

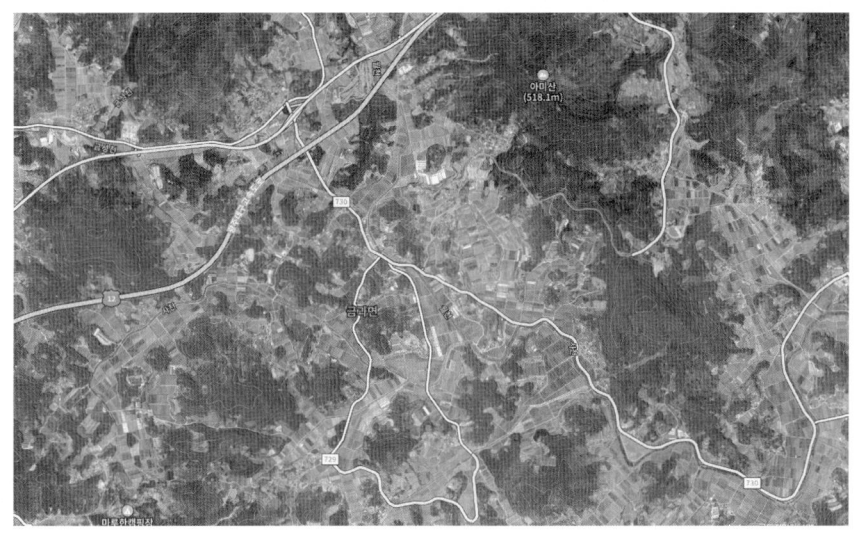

<그림 3> 순창 금과면의

즉, 북동쪽에는 순창읍과의 경계인 아미산(518.1m), 동쪽에는 순창군 풍산면과의 경계인 청적봉(305m), 남쪽에는 전남 곡성군 옥과면 및 담양군 무정면과의 경계인 설산(510m)·화봉산/서홍산(258.1m)·서암산(454.5m), 남서쪽에는 전남 담양군 금성면과의 경계인 봉황산(238.4m), 서쪽에는 전남 담양군 금성면과의 경계인 고지산(310m), 북쪽에는 금과면의 주산主山인 아미산(518.1m) 등이 금과면 주변을 빙 둘러싸고 있어서, 이 지역이 지형-지세상으로 하나의 산간-분지 형태를 이루고 있음을 볼 수 있다.

2. 인문환경

1) 도로-교통

앞에서 살펴본 이 지역의 자연환경은 이 지역에 오래전부터 사람들을 살게 하여 도로-교통도 발달하게 되었는데, 다음 〈그림 4〉의 지도를 보면 이를 잘 알 수가 있다.

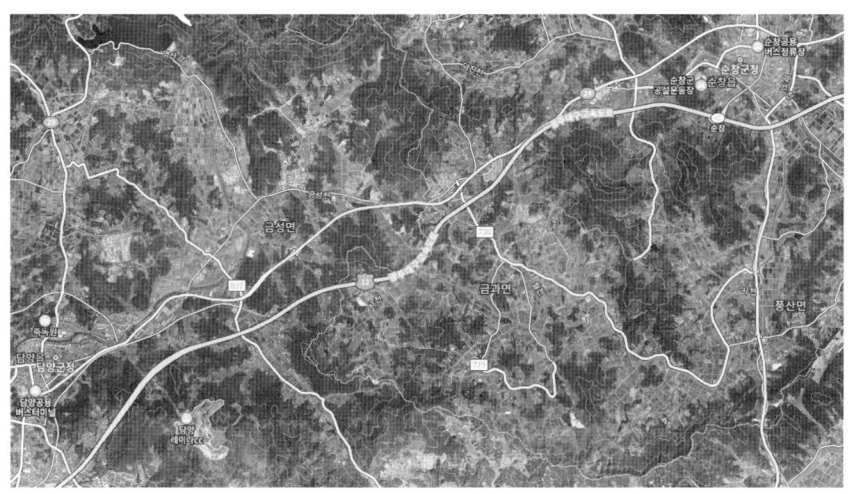

〈그림 4〉 순창 금과면의 도로-교통 지도

이 지도를 보면, 금과면 지역의 도로-교동은 주로 남북으로 발달하여 인근 전남 담양 쪽과 전북 순창 쪽으로 도로가 발달하였음을 알 수 있다.

이런 특성은 남쪽인 전남 담양 쪽과 북쪽인 전북 순창 쪽의 서로 다른 문화가 이 지역으로 전파되면서 남북 간의 활발한 '**문화전파**文化傳播/culture diffusion'가 일어나고, 이러한 문화전파의 결과로서, 양쪽에서 전파되어 들어오는 문화가 이 지역에서 만나 충돌하여 일어나는 '**문화접변**文化接變/acculturation' 현상이 여러 측면에서 일어나는 중요한 원인이 되었다.

그런데, 다음의 조선시대 고지도 <그림 5>를 보면 이 지역의 옛날 도로-교통의 북쪽 중심 통로는, 지금과 같이 직접 전주 쪽에서 순창으로 들어오는 것이 아니라, '남원 쪽을 통해서' 들어오고 있었음을 보여준다.

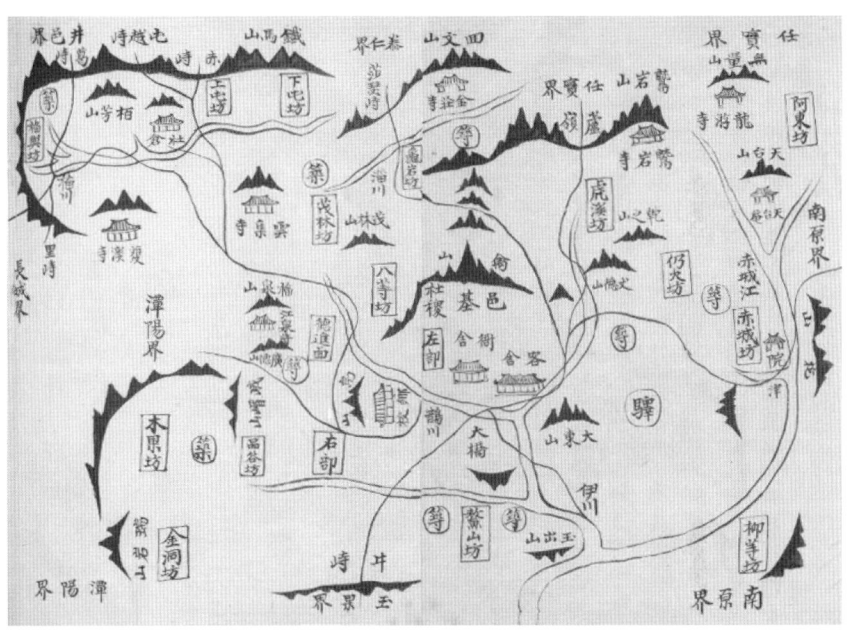

<그림 5> 조선시대 순창 금과면의 지도(송화섭 제공, 2024)

즉, 이 <그림 5>를 보면, 조선시대에는 남원계/남원 쪽에서 큰길이 순창으로 들어오고, 이 길에서 다시 금과면 지역이었던 금동방金洞坊·목과방木果坊[2] 쪽으로 길이 들어오고 있음을 알 수 있다. 이러한 교통-지리적 현상은 이 지역의 먼 북쪽인 한양/서울 쪽의 문화는 남원/옥과 쪽을 통해서 주로 이쪽으로 전파되어 들어왔음을 짐작하게 한다. 이러한 사실은 역사적으로

남원 쪽으로 들어온 문화가 순창문화에 많은 영향을 미쳤음을 알게 한다.

특히, 여기서 강조되어야 할 것은, 이 금과면 지역은 순창에서 담양으로 가는 중간지역으로서, 이 금과면 방축리 앞의 **'방축리 주막거리'**는 예로부터 순창장과 담양장을 연결 짓는 그 중간지점에 있는 요충지였다는 점이다 (<그림 6> 참조). 이 주막거리에는 항상 이 두 장을 오가는 사람들과 우마牛馬들로 북적거렸으며, 이에 따라 이 '방축리 주막거리'는 늘 술집과 음식점들이 붐비었다 한다.[3] 현재 이 '주막거리'에서 순창까지는 7㎞, 담양까지는 11㎞ 거리이다.

이러한 사실은, 금과 들소리에 반영되어 나타나고 있는 남도 육자백이토리의 음악어법과 서울-경기지역의 경토리, 그리고 전북 동북부-산간민요권

<그림 6> 지금은 그 흔적을 찾아보기 힘든 금과면 방축리 마을 앞 '주막거리' 모습(ⓒ 김익두, 2024)

---

2 이 '금동방(金洞坊)·목과방(木果坊)' 두 지역이 1914년 일제강점기 행정구역 개편 때에 합쳐져서 금과면(金果面)이 되었다.
3 금과면 방축리 양걸희(남, 1957생, 순창 농요금과들소리보존회 사무국장) 제보.

에서 남원·임실 쪽을 통해 순창으로 전파된 동부 메나리토리의 음악어법, 그리고 멀리 평안도·황해도 민요의 서도토리 음악어법의 전파·영향에 관한, 매우 중요한 단서를 제공해 주는 도로-교통 상의 배경 맥락이다(<그림 6> 참조).

2) 풍수형국

금과 들소리가 전승되고 있는 곳은 순창군 금과면 특히 매우리 일대인데, 금과면은 풍수지리風水地理 상으로 보아 주산主山이 면의 북동쪽에 있는 아미산峨眉山(518.1m)이고, 좌청룡左靑龍은 순창군 풍산면 및 전남 담양군 무정면과의 경계인 정적봉(310m)·설산(510m), 우백호右白虎는 순창읍 및 전남 담양군 금성면과의 경계인 동고안산(205m)·뫼봉(305m)·덕진봉(384.1m)이고, 안산案山은 봉황산(238.4m)로 볼 수 있다.

이를 그림으로 그려보면 다음과 같다(<그림 7> 참조).

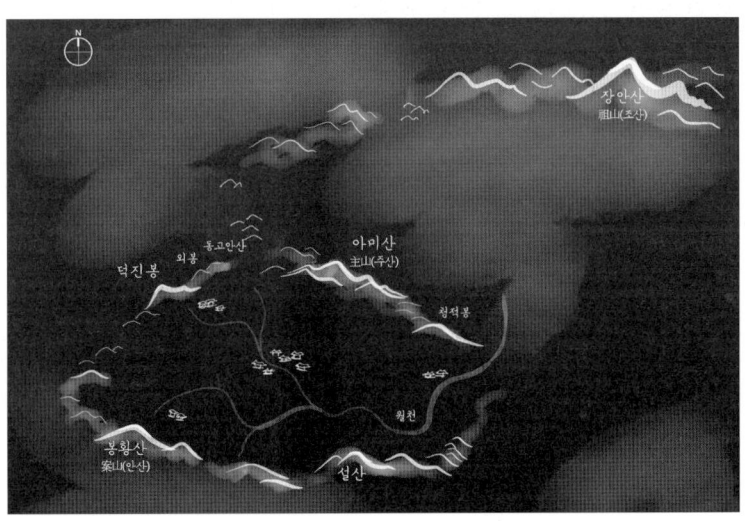

<그림 7> 순창군 금과면 일대 양택 풍수 형국 형상도(ⓒ 김민진, 2024)

〈그림 8〉 '대장뜰'에서 바라본 금과면의 주산 아미산의 아름다운 모습(ⓒ 김익두, 2024)

〈그림 9〉 아미산 정상 남사면에 천연으로 새겨져 나타나는 선인이 백마를 탄 기마상(ⓒ 김익두, 2024)

이 중에서 이 금과면의 주산主山인 아미산은 높이는 비록 높지 않으나 그 모습이 매우 수려하여 예로부터 이 금과면 지역에 여러 가지 풍수 형국설形局說들을 낳게 하는 주요 원인이 되었으며, 이 산의 정상 남사면 쪽에는 놀랍게도 선인仙人이 백마를 타고 하늘을 나는 듯한 기묘한 형상이 나타나고 있어서 세인들의 놀라움을 사고 있다(<그림 8>~<그림 9> 참조).

어쨌든, 이 지역의 주산인 아미산은 호남정맥의 장수 운장산雲長山(1,125.9m)에서 뻗어 내려온 산으로 볼 수 있기 때문에, 아미산의 조산祖山은 장수 운장산이 될 것으로 보인다.

주산主山인 아미산峨眉山(<그림 8>~<그림 9> 참조)과 우백호右白虎인 덕진봉 사이 어디쯤에서 발원한 월천月川/달내가 이 금과면 지역의 제일 큰 뜰인 동전리 '대장뜰'로 흐르고, 안산案山인 봉황산 동남쪽 어디쯤에서 발원한 사천沙川/모래내도 이 금과면 지역의 제일 큰 뜰인 동전리 '대장뜰'로 흘러서, 이 두 물줄기가 바로 동전리 '대장뜰'(<그림 10>~<그림 11> 참조)에서 만나, 이 넓은 '대장뜰'을 적시고 있다.

이러한 풍수지리적 지형-지세를 바탕으로 해서, '대장뜰'의 농사를 중심으로 이 금과면金果面의 역사와 문화와 삶이 이루어져 왔으며, 그 속에서 이 순창 금과 들소리가 이루어져 전승되어 왔다고 할 수 있다.

<그림 10> 아미산 중턱에서 바라본 순창 금과면의 중심 평야 '대장뜰' 모습(ⓒ 김익두, 2024)

〈그림 11〉 지도상에 나타나는 순창 금과면의 중심 뜰인 '대장뜰' 모습(ⓒ 김익두, 2024)

이러한 순창 금과면의 예로부터 전해오는 풍수지리風水地理 형국形局으로는 '고승예불高僧禮佛' 형국, '선인독서仙人讀書' 형국, '매화낙지梅花落地' 형국 등이 널이 많이 알려져 있다. 이에 관해서 좀 더 설명하면 다음과 같다.

'고승예불高僧禮佛' 형국: 금과면 지역에서 가장 오래된 마을이자, 그 역사가 백제 때까지 거슬러 올라간다고 하는 고례리古禮里 고례古禮 마을을 중심으로 보면, 이 지역이 '고승예불高僧禮佛' 형국이라 하며, 이 마을의 '고례古禮'라는 이름도 '고승예불高僧禮佛' 형국의 준말이라 한다(〈그림 12〉 참조).

〈그림 12〉 풍수지리의 고승예불(高僧禮佛)' 형국 모양새

이렇게 보면, 고례 마을 뒷산인 덕진봉은 바로 '고승高僧'이 되고, 이 덕진봉에서 왼쪽으로 뻗어내린 좌청룡左靑龍 혈맥 끝인 '청룡등'은 고승의 '왼팔'이 되고, 덕진봉에서 오른쪽으로 뻗어내린 우백호右白虎 혈맥은 이 고승의 '오른팔'이 되며, 이 마을 앞 들판 가운데에 있는 솔밭 정자 터는 이 고승이 두드리는 '목탁'이 되고, 이 마을에서 멀리 바라다뵈는 아미산은 바로 고승이 목탁을 두드리며 우러르는 '부처님'에 해당한다고 한다.[4] 이러한 풍수 형국을 덕진봉 아래의 고례 마을에서 마을 앞쪽으로 보면 다음과 같은 모양새가 나타난다(〈그림 13〉 참조).

고례古禮 마을의 역사가 백제 말기로까지 거슬러 올라간다는 기록으로 미루어 보자면,[5] 금과면의 이 '고승예불' 풍수 형국론이 금과면 일대의 3가지 풍수형국론 중에서 그 역사가 가장 오래된 것으로 보인다.

---

4 금과향지발간위원회 편(2010), 『금과향지』, 순창: 금과향지발간위원회, 131쪽.
5 앞의 책, 131쪽.

〈그림 13〉 금과면 고례리 고례 마을에서 바라본 금과면의 '고승예불' 형국 모양새(ⓒ 김익두, 2024) 좌측 능선이 좌청룡이자 고승의 '왼팔', 우측 능선이 우백호이자 고승의 '오른팔', 가운데 정자 터가 고승의 '목탁', 그리고 멀리 보이는 푸른 아미산이 안산으로 '부처님'에 해당하는 형국 모양새

〈그림 14〉 금과면 매우리의 삼외당三畏堂 정자 모습(ⓒ김익두, 2024) 선조 때 삼외당 홍함洪涵 (1543~1593)이 '선인독서仙人讀書' 형국의 서책 書冊에 해당하는 매우 마을 너럭바위 위에 세운 정자

'선인독서仙人讀書' 형국 : 또한 금과 면은 풍수형국으로 '선인독서仙人讀書' 형국이라고도 한다. 이 형국설로 보자면, 이 지역의 주산主山인 아미산은 신선이요, 현 면소재가 있는 매우梅字는 그 신선의 서책書冊이요, 이 지역 남서쪽의 서암산은 그 신선이 글을 읽을 때 불을 밝혀주는 촛대라고 보는 풍수 형국론이다. 이러한 풍수 형국론과 관련하여 이 지역에서는 유명한 선비들이 많이 나왔다 한다(〈그림 14〉~〈그림 15〉 참조).

〈그림 15〉 풍수지리의 '선인독서(仙人讀書)' 형국 모양새

'매화낙지梅花落地' 형국 : 다른 또 하나의 풍수 형국설로 '매화낙지梅花落地' 형국설이 있다. 이 형국설로 보자면, 아미산 아래 땅의 형국이 꼭 매화꽃이 땅에 떨어지는 아름다운 모양의 형국이라 하여, 지금의 매우리의 이름이 매화꽃이 떨어지는 집자리라는 뜻으로 '매우梅字'라 하였다는 풍수 형국설이다(〈그림 16〉 참조).

〈그림 16〉 풍수지리의 '매화낙지(梅花落地)' 형국 모양새

매우리 주민들의 제보에 의하면, 현 매우 마을 삼외당 정자가 있는 곳 바로 옆에 서책 모양의 큰 너럭바위가 하나 있으며, 이곳이 바로 이 풍수 형국의 '서책書冊'에 해당하는 바위라고 한다. 이 바위는 지금은 풀숲 속에 묻혀서

제1장 순창 금과 지역의 자연·인문 환경 33

잘 보이지는 않고, 그 옆에 조선 선조 때에 사헌부 감찰을 역임했고 인진왜란 때에 의병장으로 활약한 삼외당三畏堂 홍함洪涵(1543~1593)이 지은 '삼외당三畏堂'이란 정자가 남아 있으며, 이 정자는 현재 순창군 향토문화 유산 제2호로 지정되어 있다(<그림 14> 참조).

 이상과 같이, 이 금과 들소리가 전승되고 있는 순창군 금과면 일대에 이러한 여러 가지 다양한 풍수형국설이 전해오고 있다는 것은, 이 지역의 오랜 역사와 다양한 문화 해석의 적층성을 암시하는 것이라 할 수 있다.

제2장
순창 금과 지역의 역사와 문화

제2장
순창 금과 지역의 역사와 문화

1. 역사

선사시대 : 이 지역에는 구석기시대부터 사람들이 살았다고 하며, 청동기 시대에도 이 지역에 많은 사람들이 살았다는 것을 이 지역에서 발견되는 고인돌을 통해서 알 수 있다.

〈그림 17〉 금과면 내동 마을 설동번씨 댁 앞마당가에 있는 고인돌(ⓒ김익두, 2024)

금과면에 7개 이상의 고인돌이 있다고 전해지며, 아미산 바로 아래에 위치한 내동리 내동內洞 마을 및 동전銅田 마을 등에 4개가 확인된다.

그 중의 하나는, 원래 내동 마을 가운데 길가에 있었는데, 최근의 도로공사로 인해 고인돌 받침대는 유실된 채로 내동 마을 윗쪽 설동번 씨 집안 앞마당으로 옮겨져 있다(<그림 17> 참조).

다른 하나는, 내동 마을 설동번 씨 댁에서 아미산길을 따라 200m 정도 산쪽으로 올라간 아미산길 길가에 위치해 있는데, 숲이 너무 우거져 확인하기 어려운 상태이다.

또 다른 하나는, 대장 마을 뒤쪽 김해김씨 제각 앞 산잔등에 위치해 있는데, 도굴을 당하는 과정에서 받침돌이 무너져 현재는 받침돌이 보이지 않는 상태로 있다(<그림 18> 참조).

또 다른 하나의 고인돌은, 대장 마을 뒷쪽 <그림 18>에서 북쪽으로 20m 정도 떨어진 곳, 김해김씨 제각 바로 뒤쪽 20m 지점 밭 길가 감나무 아래에 있는데, 도굴은 된 것으로 보이나 그 원형 모습이 어느 정도 그대로 간직되어 있다(<그림 19> 참조).

<그림 18> 금과면 대장 마을 뒤 김해김씨 제각 앞 잔등에 있는 고인돌 모습(ⓒ김익두, 2024)

〈그림 19〉 금과면 대장 마을 뒤쪽, 김해김씨 제각 바로 뒤쪽 감나무 아래에 있는 고인돌 모습
(ⓒ김익두, 2024)

이 외에 동전 마을에도 고인돌이 있다 하나, 제보자[1]의 사정으로 실제로 확인하지는 못하였다.

이상에서 확인된 고인돌을 포함해서, 금과면 일대에서는 모두 4기의 고인돌이 확인되고 있다. 이는 기존 조사 기록에서 금과면에서 모두 2기의 고인돌이 발견되었다고 하는 기록[2]보다 훨씬 많은 고인돌이 이 지역에서 발견되고 있는 것이어서 새로운 조사를 요하고 있다.

이상의 조사 자료들로 보아, 이 금과면의 내동 마을·동전 마을 일대에는 선사시대인 청동기시대부터 사람들이 살았음이 분명하게 확인된다. 이러한 선사시대 유물들은 금과면 지역의 역사가 선사시대 청동기시대에까지 거슬러 올라가고 있음을 분명하게 입증해 주고 있다.

---

1   설동번(남, 1960생, 금과면 내동 마을).
2   순창군지간행위원회(2023), 『순창군지』, 순창: 순창군청, 335쪽.

삼한시대 : 이 시대에는 이 지역이 마한馬韓의 영토로서, 마한 54개 소국들 중 소석색국小石索國이 순창에 있었다 하고, 이 지역을 포함한 순창 지역이 오산烏山·옥천玉川이라 불려지는 지역에 속해 있었다 한다.[3] 이 때 생긴 이 이름 때문에 순창을 전통적으로 가장 오래된 이름으로 부를 때에는 '옥천玉川'이라고 부른다.

삼국시대 : 『삼국사기』 지리지 백제百濟 조에 의하면, 이 시대에는 이 지역이 백제의 영토였으며, 백제의 도실군道實郡에 속해 있었다.[4] 이 '도실군道實郡'이란 이름의 유래는 알 수 없다. 이 시대에 들어서는 당시의 행정치소와 관련된 큰 규모의 분묘 유적들이 금과면 인근에서 발견되었다고 하며, 이 지역에 기반을 둔 토착 세력 집단이 성장해 있었다 한다.

이러한 사실을 입증하는 것이 바로 금과면 고례리 고례 마을이다. 이 마을의 지명 유래에 보면, 이 마을은 삼국시대에서부터 있었다고 한다.[5]

남북국시대 : 이 시대에는 통일신라에 속해 있었고, 신라 경덕왕景德王 16년(757)에는 '순화군淳化郡'으로 개칭된 지역에 속해 있었고, 전주全州에 예속되었다.[6] 오늘날 '순창淳昌'이란 이름의 가장 오래된 명칭의 글자가 이 시대에부터 생기었다.

고려시대 : 이 시대 초기인 태조太祖 23년(940)에 금과면이 속한 지역이 '순

---

3 위의 책, 333쪽.
4 순창군지간행위원회(2023), 『순창군지』, 순창: 순창군청, 339쪽.
5 김문성·설기호 외(2010), 『금과향지』, 금과: 금과면향지발간위원회, 131쪽.
6 순창군지간행위원회(2023), 앞의 책, 338쪽.

주淳州'로 개칭되고, 나중에 명종 5년(1175)에는 지금의 이름인 '순창현淳昌縣'으로 개칭되어,[7] 금과면은 이 순창현에 속하게 되었다.

고려 충숙왕忠肅王 1년(1314)에는 이 지금의 금과면 지역이 금동방金洞坊과 목과방木果坊으로 불렸다.[8]

이 고려시대에 순창설씨淳昌薛氏 설자승薛子升이 고려 인종仁宗 4년(1126) 때의 이자겸 난을 피해 아내의 고향인 순창으로 낙향한 이후 이 집안에서 설신薛愼·설공검薛公儉·설인검薛仁儉 등의 큰 인물이 나왔는데, 이후 이 집안의 주요 근거지도 바로 금과면이다.

이 순창설씨淳昌薛氏는 고려 인종 4년(1126)에 설자승薛子升이 이자겸의 난을 피해 순창군 구림면 율복리로 들어와 정착하면서 이 성씨의 순창 세거가 시작되었고, 고려시대에는 이 집안에서 추밀원부사樞密院副使를 지낸 설신薛愼, 그의 동생 평장사平章事 설인검 薛仁儉, 설신의 아들 찬성사贊成事 설공검薛公儉 등을 배출하였다.[9]

조선시대 : 이 시대의 영조英祖 36년(1760)에는 이 지역이 금동방金洞坊 11개 리里와 목과방木果坊 8개 리里로 개편되고, 고종 34년(1897)에는 '방坊'이란 행정구역 명칭을 '면面'이란 명칭으로 변경하면서 금동면金洞面과 목과면木果面이 되었다.

이 시기의 **금동면**金洞面에는 수양水楊·고산高山·발산鉢山·산수山水·내동內洞·연화蓮花·동전銅田·대장大場·만촌蔓村·대성大星·대각大角·청룡青龍·치등峙嶝·방성尨聲·석촌石村이 속해 있었고, **목과면**木果面에

---

7 순창군지간행위원회(2023), 앞의 책, 342쪽.
8 나중에 이 두 지명의 한 글자씩을 따서 금과면(金果面)이란 이름이 만들어지게 되었다.
9 순창군지간행위원회(2023), 『순창군지』, 순창: 순창군청, 554쪽.

는 고례古禮 · 송정松亭 · 방축防築 · 매우梅宇 · 호치虎峙 · 남계南溪 · 장장獐藏 · 상장장上獐藏 · 일목一木 · 이목二木 · 계전桂田이 속해 있었다.[10]

한편, 조선시대에 들어와서는 순창설씨 집안의 고려 후기 사람 설응薛凝의 아들 설위薛緯가 금과면 '마곡'이란 마을로 이거하였다가, 다시 금과면 동전리로 이거하여 살았다. 이 설위가 나중에 세종 1년(1419)에 문과에 급제하여, 벼슬이 성균관대사성成均館大司成大司成에 이르렀고, 이 분의 후손들의 성씨를 일명 이 금과면 동전리에 근거를 두었다 하여 '동전설씨銅田薛氏'라고도 불리었다.[11]

근현대시대 : 이 시기에 와서 일제강점기인 1914년 행정구역 개편에 따라, 앞 시대의 두 면인 금동면金洞面과 목과면木果面이 '**금과면**金果面'이란 이름으로 통합되어, 13개 법정리와 24개 행정리/마을로 개편되어 오늘에 이르고 있다.

13개 법정리는 내동리內洞里 · 발산리鉢山里 · 방축리防築里 · 매우리梅宇里[12] · 동전리銅田里 · 목동리 木洞里 · 남계리南溪里 · 수양리水楊里 · 대성리大星里 · 청룡리靑龍里 · 방성리訪聲里 · 고례리古禮里 · 장장리獐藏里 등이고, 24개 행정리/마을은 수양水陽 · 발산 鉢山 · 내동 內洞 · 연화蓮花 · 동전銅田 · 대장大場 · 만촌蔓村 · 대성大星 · 대각大角 · 청룡靑龍 · 방성訪聖 · 석촌石村 · 남계南溪 · 호치虎峙 · 장장 獐藏 · 일목一木 · 이목二木 · 계전

---

10   순창군지간행위원회(2023), 앞의 책, 155쪽.
11   앞의 책, 554쪽.
12   일제강점기인 1914년 행정구역 개편 때에 일제가 이 마을명의 반일적인 어감을 없애기 위해 '모정리(茅亭里)'로 개칭했던 것을 2007년 이 지역 주민들의 건의에 의해 다시 옛 이름인 '매우리(梅宇里)'로 회복되었고, 이에 따라 일제강점기 때의 '모정(茅亭)' 마을은 '매우(梅宇)' 마을로, '외모(外茅)' 마을은 '밭매우', '신모(新茅)' 마을은 다시 '신매우(新梅宇)'란 이름으로 회복되었다.

桂田 · 매우梅宇 · 밭매우外梅宇 · 신매우新梅宇 · 방축防築 · 고례古禮 · 송정松亭 등이다(<그림 20> 참조).

〈그림 20〉 금과면 '대장뜰'을 중심으로 하는 행정구역 분포도

〈그림 21〉 금과면 동전리 동전 마을에 있는 남파서실 모습(ⓒ김익두, 2024)

이 시기에 들어와, 앞서 언급한 순창설씨 집안의 후손 남파南坡 설진영薛 鎭永[고종 6(1869~1940)]은, 구한말 일제의 명성왕후 시해 사건 이후 그의 스승인 기우만奇宇萬[헌종 12(1846~1916)]을 따라 의병을 일으켜, 전남 장성과 나주 등지에서 왜군과 싸웠으며, 1910년 망국 이후에는 금과면 아미산 아래 내동 마을에 '남파서실南坡書室'(<그림 21> 참조)을 짓고 학문에 열중하여 많은 인재들을 양성하였다.

그는 1940년 일제의 창씨개명 강요를 거부하고 우물에 투신하여 자결하였다. 그의 문집으로 『남파유고南坡遺稿』가 있으며, 그가 살던 남파서실南坡書室은 1998년 전라북도 기념물로 지정되었다.

2. 문화

1) 입향조入鄕祖 및 주요 성씨들

○**입향조入鄕祖** : 순창의 주요 성씨姓氏로는 보통 신씨申氏・설씨薛氏・양씨楊氏 3성을 들고, 순창을 본관本貫으로 하는 주요 성씨로는 순창옹씨淳昌邕氏・순창설씨淳昌薛氏/옥천설씨玉川薛氏・옥천조씨 玉川趙氏 등이 있는데, 금과면의 제보자들의 제보에 의하면, 이중에 금과면의 주요 입향조入鄕祖 성씨로는 순창설씨淳昌薛氏/옥천설씨玉川薛氏를 들고 있다.

이 순창설씨淳昌薛氏는 고려 인종 4년(1126)에 설자승薛子升이 이자겸의 난을 피해 순창군 구림면 율복리로 들어와 정착하면서 이 성씨의 순창 세거가 시작되었고, 고려시대에는 이 집안에서 추밀원부사樞密院副使를 지낸 설신薛愼, 그의 동생 평장사平章事 설인검 薛仁儉, 설신의 아들 찬성사贊成事 설공검薛公儉 등을 배출하였다.

조선시대에 들어와서는 이 집안의 고려 후기 사람인 설응薛凝의 아들 설위薛緯가 금과면 '마곡'이란 마을로 이거하였다가, 다시 금과면 동전리로 이거하여 살았다. 이 설위가 나중에 세종 1년(1419)에 문과에 급제하여 벼슬이 성균관대사성成均館大司成에 이르렀고, 이 분의 후손들의 성씨를 일명 '동전설씨銅田薛氏'라고도 불렀다.[13]

○ **주요 성씨들** : 금과면의 주요 성씨들로는 2010년 현재 총 24개 마을에 총 97개 성씨가 살고 있는 것으로 조사된 바 있는데,[14] 이 중에 비교적 많은 수의 사람들이 살고 있는 성씨로는 순창설씨淳昌薛氏(84세대, 동전·내동·매우·발산·고례 등), 김해김씨(65세대, 방축·일목·이목 등), 김녕김씨(53세대, 청룡·방축 등), 전주이씨(47세대, 방축·송정 등), 밀양박씨(43세대, 방축·철용 등), 남양홍씨(42세대, 매우·신매우 등), 곡부공씨曲阜孔氏(39세대, 방성 등), 경주설씨慶州偰氏(35세대, 호치·장장 등), 남원양씨南原楊氏(26세대, 고례·대장·발산 등), 광산김씨(24세대, 밭매우·방축 등), 경주김씨(21세대, 계전·대장·방축 등), 문화류씨(20세대, 남계 등), 진주강씨晉州姜氏(13세대, 호치·밭매우 등), 남원윤씨(13세대, 매우·내동·연화 등), 옥천조씨玉川趙氏(12세대, 대각·방축·내동 등), 전주최씨(12세대, 남계·대장 등), 양천허씨陽川許氏(11세대, 수양·청룡 등) 등으로 나타나고 있다.[15]

이러한 주요 성씨 중에 순창설씨가 단연 가장 많은 세대수를 차지하고 있다는 것은 금과면의 주요 입향조 성씨인 이 성씨가 오늘날에 와서도 금과면의 주요 성씨로서의 위치를 가지고 있음을 짐작케 하고 있다.

---

13 순창군지간행위원회(2023), 『순창군지』, 순창: 순창군청, 554쪽.
14 김문성·설기호 외(2010), 『금과향지』, 금과: 금과면향지발간위원회, 142~194쪽.
15 앞의 책, 191~194쪽.

그리고 이 성씨 면에서 특이한 성씨 중의 하나가 전체 세대수의 7번째 위치를 차지하고 있는 곡부공씨(39세대)이다. 이 성씨는 공자孔子를 시조로 하고, 그의 53세손 공완孔浣의 둘째 아들 공소孔紹가 고려 충정왕 3년(1351) 원나라의 한림학사로 공민왕 왕비인 노국대장공주魯國大長公主를 수행하여 고려에 와서 귀화하면서부터 시작된 성씨로 알려져 있다. 총 39세대 중에 31세대가 방성마을에 집중 분포하고 있다.

한편, 전체 8번째 많은 성씨인 경주설씨慶州偰氏(35세대)는 앞의 순창설씨淳昌薛氏와는 본관과 한자가 전혀 다른 성씨로서, 설손偰遜을 시조로 하는 성씨인데, 이 집안의 설순偰循[미상~세종 17(1435)]은 조선 세종 때에 집현전부제학集賢殿副提學으로 『삼강행실도三綱行實圖』를 편수하고 『통감훈의通鑑訓義』를 저술한 분인데, 이 분의 아들 설동인偰同寅은 저창부승儲倉副丞을 지냈고, 이 설동인의 아들 설침偰琛은 음직陰職으로 영광 군수를 지냈는데, 관직에서 물러난 후에 외가가 있는 순창군 금과면 남계리 호치 마을에 입향한 이후 그 자손들이 집성촌을 이루어 이곳을 중심으로 세거해 오고 있다. 금과면 늑곡리의 경주 설씨 또한 호치 마을에서 이거해 간 설침의 후손들이다.

2) 주민구성 및 농경지

한 통계자료에 따르면, 2021년 12월 31일 현재 금과면의 인구는 696가구에 1,677명[남자 843명, 여자 834명]으로 조사되어 있다.[16] 농경지 면적은 28.47㎢인데, 이중에 논이 6.63㎢, 밭이 3.19㎢이다.[17] 이러한 통계자료를

---

16 순창군지간행위원회(2023), 『순창군지』, 순창: 순창군청, 156쪽.
17 앞의 책, 같은 쪽.

보면 논과 밭의 비율이 대략 7 : 3의 비율로 이 지역이 **논농사 중심 지역**임을 보여주고 있다.

이러한 사실은 이 지역에서 오래전부터 '금과 들소리'와 같은 농요農謠가 이루어져 전승되게 된 중요한 인문-지리적 배경이 되고 있다. 특히, '금과 들소리' 전승의 중심이 되고 있는 발산리·동전리·매우리·방축리·내동리 등에 연결되어 있는, 동전리 일대의 '대장뜰'(<그림 22> 참조)이 이 '금과 들소리' 형성과 전승의 중심이 되고 있다. 바로 이 지역이 금과면 논농사의 중심지역이 되고 있기 때문이다.

<그림 22> 금과면의 중심 농경지 '대장뜰' 모습

3) 장터-장날

문화권의 성격을 알게 해주는 자연스런 인문지리 현상 중의 하나가 바로 '장터'이다. 즉, 어느 지역 주민들이 예로부터 어떤 장터로 장을 보러 다녔는가는 바로 그 지역의 문화권이 어느 지역과 밀접하게 연결되어 있는가를 알 수 있게 해준다. 왜냐하면, 이 '장터'는 바로 '문화전파'와 그로 인한 '문화교류'와 그로 인한 '문화접변'이 이루어지는 매우 중요한 문화의 장場이기 때문이다.

순창군 금과면 주민들의 장터는 예로부터 순창장과 담양장이었다. 거리 상으로는 순창장이 조금 더 가깝고, 크기는 담양장이 조금 컸다고 한다. 그러나 장터를 이용하는 비중은 순창장이 훨씬 커서 순창장이 80% 정도라면, 담양장은 20% 정도였다고 한다.

이러한 사실, 곧 이 금과면 지역 주민들의 장터 이용률이 담양장보다 순창장이 절대적으로 월등히 높다는 것은, 이 지역 주민들의 문화적 의존율이 전남 담양보다는 전북 순이 훨씬 더 높다는 것을 의미한다. 이러한 사실은 지형-지세나 자연환경 면에서는 전남 담양읍과 전북 순창읍이 큰 차이가 없지만, 문화적으로는 예로부터 순창읍과의 친연성이 매우 컸음을 의미한다.

그런데, 이 근린장의 경우는 이와 같지만 **큰장**의 경우는 또 달랐다. 만일 금과면 주민들이 가까운 장을 볼 경우에는 주로 순창으로 다녔지만, 좀 더 큰 장을 볼 경우에는 주민들 거의가 다 도청 소재인 전주로 가지 않고 타도인 전남에 있는 광주로 장을 보러 다녔다는 것이 이 지역 주민들의 제보이다.[18]

---

18 조사일: 2024년 9월 20일, 조사장소: 순창군 금과면 금과들소리보존회관 사무실, 제보자 : 김봉호(1936생, 매우리), 양걸희(1957생, 방축리)·윤오채(1942생, 매우리)·정규상(1944생, 수양리)·성양호(1950생, 장장리)·박분주(1951생, 방축리)·김용주(1952생, 일목리), 조사자 : 김익두.

이러한 사실은 이 금과면 지역이 광역문화권 상으로는 전북지역보다는 **전남지역 문화권**에 속해 있다는 것을 의미하고, 이러한 사실은 금과면 지역의 문화, 특히 '문화전파·문화충돌·문화접변'의 시각에서 볼 때의 금과면 지역문화 이해에 매우 중요한 단서를 제공해 준다.
　이러한 사실을 소지역인 금과면에만 한정하지 않고 순창지역 전체로 넓혀 보면 문제는 좀 더 분명해진다. 순창군 지역 전체 주민들의 경우로 보면, 순창지역 주민들은 예로부터 도청 소재지인 전북 전주로 큰장을 보러 다니지 않고, 대부분 주민들이 전남 광주로 큰장을 보러 다녔다는 사실이 드러난다.
　이러한 사실은 **문화권** 상으로 볼 때 순창지역은 '전주-문화권'에 속해 있는 지역이라기보다는 '광주-문화권'에 속해 있는 지역이라는 것을 드러내 주는 중요한 단서이다. 이러한 사실은 순창 주민들에게 장을 보러 '전주'로 다녔느냐 '광주'로 다녔느냐고 물어볼 때 이구동성으로 "옛날에는 다 광주

〈그림 23〉 전북 순창 장날의 장터 풍경

〈그림 24〉 2024년 10월 1일 담양 장날의 장터 풍경(ⓒ김익두, 2024)

로 장을 보러 다녔다."라고 대답하고, 지금도 큰장은 광주로 보러 다닌다는 제보들에서 충분히 인식할 수 있다.

지금도 순창과 담양에는 장날이 있고, 장날에는 장이 서는데, 옛날보다는 못하며, 순창장은 1일·6일, 담양장은 2일·7일이다(〈그림 23〉~〈그림 24〉 참조).

4) 당산

예전에는 금과면 24개 마을 대부분에 마을 당산이 있었으나, 2024년 현재에는 일목 마을에서만 당산제를 지내는 것으로 파악되고 있다.

이 일목 마을 당산제는 다음과 같은 순서로 이루어진다. 음력 1월 14일 날 오전에 당산을 청소하고 금줄을 치고, 오후에는 제물을 장만하여, 저녁 5시 경에 제관 일행이 할아버지당산으로 올라가, 금줄 바로 아래에다가 "堂山之神位"라는 지방紙榜 신주神主를 써서 붙여 모셔놓은 다음, 제물을 차려놓고 유교식으로 할아버지당산 당산제를 지낸다(〈그림 25〉~〈그림 26〉 참조).

〈그림 25〉 금과면 목동리 일목 마을 할아버지당산 모습(ⓒ김익두, 2024)

〈그림 26〉 금과면 목동리 일목 마을 할아버지당산 금줄과 신위(ⓒ김익두, 2024)

〈그림 27〉 금과면 목동리 일목 마을 할머니당산 모습
(ⓒ김익두, 2024)

〈그림 28〉 금과면 목동리 일목 마을
할머니당산 금줄과 신위(ⓒ김익두, 2024)

그 다음에는, 제관 일행이 다시 풍물을 치며 마을 동구 큰길가의 할머니 당산으로 내려와서, 할머니당산 앞 제단에 제물을 차리고 유교식으로 당산제를 지낸다(<그림 27>~<그림 28> 참조).

마지막으로는, 할머니당산 옆의 아들당산에 역시 제물을 차려 놓고 아들당산 당산제를 지낸다(<그림 29> 참조).

<그림 29> 금과면 목동리 일목 마을 아들당산 모습
(ⓒ김익두, 2024)

이렇게 해서 당산제를 모두 지낸 다음에는 잠시들 쉬었다가, 오전 10시~11시 경에 마을 주민들이 모두 마을회관에 모여 음복하고 음식을 나누어 먹고, 마을 공동회의를 하고 당산제 결산도 한다.[19]

5) 공동우물·빨래터·기타

현재, 대부분의 마을에 공동 우물이 남아 있으며, 매우·일목·계전·대성·방축·밭매우 등의 우물과 빨래터가 아직도 상당히 양호하고, 특히 일목·방축·밭매우 등의 공동우물과 빨래터가 온전하게 남아 있다(<그림 30>~<그림 33> 참조).

◀<그림 30> 일목 마을 우물 ▲<그림 31> 매우 마을 우물
▼<그림 32> 고래 마을 우물(ⓒ허정주, 2024)

---

19 조사일 : 2024년 10월 1일, 조사장소 : 순창군 금과면 일목리 마을 일원, 제보자 : 금과면 일목리 김용주(남, 1952생), 조사자 : 김익두·허정주.

방축리 방축 마을에는 연자방아 하나가 온전한 형태로 남아 있다(<그림 34> 참조).

<그림 33> 금과면 고래리 고래 마을 빨래터(ⓒ허정주, 2024)

<그림 34> 금과면 방축리 방축 마을 팽나무 밑의 연자방아(ⓒ김익두, 2024)

6) 들판

현재 금과면 일대에서 가장 큰 들판은 동전 마을을 중심으로 하는 '대장뜰/동전뜰'이다. 이곳은 금과면을 감돌아 흐르는 월천月川과 사천沙川 두 줄기 시냇물이 만나 합수되는 곳으로, 금과면에서 가장 넓은 평야지대를 이루고 있고, 이 '대장뜰'을 중심으로 해서 금과 들소리가 전승되어 오고 있다(<그림 35 참조>).

<그림 35> 아미산 중턱에서 내려다본 '대장뜰' 모습(ⓒ허정주, 2024)

7) 세시풍속

금과면 지역의 주요 세시풍속 행사로는 설·정월 대보름·칠월칠석 혹은 칠월백중·추석 등을 거의 대등한 정도로 중시해오고 있으며, 오월 단오 날은 그다지 중시하지 않는다.

○ **설날** : 설날에는 세배를 하고, 최근에는 마을회관에서 합동-세배를 하기도 한다.

○ **정월대보름** : 정월 대보름에는 보름 전날 저녁에 마을 당산제를 지내고, 다음날 오전에 마을 주민들이 마을회관에 모여 음복을 하고 음식을 장만하여 공동식사를 하고, 마을 풍물패가 마을 집집을 돌면서 마당밟이굿을 쳤으나, 지금은 마을 풍물패 구성원들이 돌아가신 분들이 많아서 굿은 치지 못하게 되었다.

○ **이월초하루** : 마을 주민들이 한 해 농사일을 본격적으로 시작하는 날이기 때문에, 마을 일꾼들이 모여서 술 한 잔씩 하는 날이며, 노래기 등의 병충해를 막자는 뜻에서 콩도 볶아 먹는다.

○ **사월초파일** : 마을 부인네들이 인근의 명산인 추월산 절에 가서 기도를 드리고, 부인들이 숲이나 물가로 나가서 꽃을 따서 꽃전을 부쳐서 화전놀이를 하며, 장구를 치고 흥겹게 논다.

○ **칠월칠석 · 칠월백중** : 한편, 마을의 여름 논농사가 거의 마무리되는 칠월칠석 혹은 칠월백중날 중에 택일을 하여, 마을 주민들이 함께 노는 여름 축제 놀이인 '술멕이굿' 행사를 행하게 된다. 이 행사는 여름 논매기가 끝나는 '만두리' 때에 부잣집 논의 '만두리'를 마치고, 길가에서 주인집에서 차려 내온 술과 음식을 먹으며 흥겹게 굿을 치며 한 판을 논 다음, 부잣집 머슴을 소등에 태우고 춤을 추며 '장원질 소리'를 부르며 마을로 돌아와, 온 마을 주민들이 아이나 어른 할 것 없이 모두 그 부잣집으로 몰려가, 장만하여 내오는 술과 음식을 먹고, 굿을 치며 장원질소리 등을 흥겹게 부르면서 하루 저녁을 즐겁게 놀았다 한다(<그림 36> 참조).

〈그림 36〉 최근에 복원된 금과 들소리 장원례 장면 모습(ⓒ순창 농요 금과들소리보존회)

8) 공동체신앙

○ 당산제 : 예전에는 금과면 24개 마을 대부분에 마을 당산이 있었으나, 2024년 현재에는 일목 마을에서만 당산제를 지내는 것으로 파악되고 있다. 이 일목리 일목 마을 당산제는 예전에는 그 절차 과정이 매우 엄격하고 복잡하여, 3개월 전에 미리 마을에서 깨끗한 사람으로 생기복덕生氣福德[20]을 보아서 제관祭官 · 제주祭主를 정하여, 부정한 곳에 가지 못하게 하고 합방을 금하게 하였다. 이 제관祭官 · 제주祭主는 주로 마을에서 손이 귀하거나

---

20 정해진 날의 운수를 알아 보는 방법 중 하나. 일진(日辰)과 나이를 팔괘(八卦)에 배정하여 상 · 중 · 하 세 효(爻)의 변화로써 운수를 본다. 제관선정의 중요한 기준이 된다.

자식을 못 낳는 사람을 선정하여 나중에 자식을 낳은 사람이 많았다 한다. 오늘날에 와서는 제주·제관을 마을 이장과 새마을지도자가 맡아서 한다.

음력 1월 14일 날 오전이 되면 마을 뒷산 할아버지당산, 마을 동구 큰길 길가의 할머니당산·아들당산을 깨끗이 청소하고, 당산나무에 왼새끼줄을 꼬아 금줄을 친다.

오후에는 제주 집에서 정갈하게 제물을 장만하는데, 주요 제물로는 대추·밤·감 등의 3실과, 떡·생선(조기), 그리고 제주祭酒 술 등이다.

할아버지당산제 : 예전에는 저녁 7기 경에 제관 일행이 풍물을 치면서 마을 뒷산 할아버지당산으로 올라가, 할아버지당산 금줄 밑에 "堂山之神位"라고 붓글씨로 쓴 신위를 붙여서 모시고(<그림 37> 참조), 그 아래의 재단에 준비해간 제물을 차리고, 제관이 무릎을 꿇고 약 30분마다 한 번씩 절을 올리면서 제사를 지냈는데, 그 정성이 매우 지극하였다 한다.

이 할아버지당산에서의 당산제는 저녁 7시 경부터 시작해서 새벽닭이 울 때까지 계속되었다 한다. 그래서 한밤중이 되면 이 할아버지당산에 올라가 당산제에 참여하는 마을 주민들이 마을에서 준비한 찰밥도 나누어 먹으며 새벽까지 함께 하였고, 이 할아버지당산에 올라가 당산제에 참여하는 마을 주민들도 모두 목욕재개沐浴齋戒를 하고 참례해야 했다고 한다.

예전에는 이 할아버지당산제가 새벽닭이 울 때까지 7~8시간이나 계속되었다 하는데, 오늘날에 와서는 저녁 5시 경에 제관 일행이 풍물을 안 치고 할아버지당산으로 올라가, 신위를 모시고 준비한 제물을 차려놓고 유교식으로 간단히 제사를 모시고 내려온다.

할머니당산제 : 마을 뒷산 할아버지당산제를 마친 다음에는 제관 일행이 다시 풍물을 치면서 마을 동구 큰길가의 할머니당산 및 아들당산으로 내려

〈그림 37〉 목동리 일목 마을 할아버지당산 신위 모습 (ⓒ김익두, 2024) 〈그림 38〉 목동리 일목 마을 할머니당산 신위 모습 (ⓒ김익두, 2024)

와서 두 당산의 당산제를 지냈는데, 이 시기가 예전에는 새벽닭이 울 때쯤 이었다고 하나, 지금은 저녁 7시 전후가 된다고 하고, 풍물도 칠 사람이 마을에 없어 치지 않는다 한다.

할머니당산에 제관 일행이 도착하면 할머니당산 금줄 밑에 "堂山之神位"라는 지방 신위를 붙이고(〈사진 38〉 참조), 그 아래 제단에 준비한 제물을 차려놓고 유교식으로 간단히 제사를 지내고 제관 일행이 음복을 한다.

아들당산제 : 할머니당산제가 끝나면 마로 그 옆에 있는 아들당산으로 가서 앞에서의 할머니당산제와 같은 절차와 방법으로 아들당산제를 지내는데, 이때에 아들당산에는 지방 신위 神位를 따로 붙여 모시지 않는다(<그림 39> 참조). 제사가 끝나면 제관 일행이 음복을 한다.

이렇게 해서, 당산제가 모두 끝나면, 예전에는 마을 풍물패가 굿을 한바탕 쳐서 마을 공동제사가 무사히 끝났음을 알리고, 마을 주민들이 모여서 음복을 하고 제물을 나누었다.

지금은 당산제가 모두 끝나면 일단 제관 일행이 모두 집으로 돌아가 잠을 자고, 다음날인 음력 정월 15일 정월대보름날 오전 10시~11기 경에 마을 주민들이 마을회관에 모여 함께 장만한 음식을 나누어 먹고, 당산제 경비 결산을 한다.[21]

<그림 39> 목동리 일목 마을 아들당산 모습
(ⓒ김익두, 2024)

○**기우제/무제**[22] : 금과면의 기우제는, 두 가지 방식으로 이루어졌다. 보

통 간단한 기우제/무제는 마을별로 따로 마을의 높은 곳에 올라가 마을 주민들이 지냈고, 가뭄이 극심할 때에는 금과면 방축리 '무제등'으로 면 주민들이 함께 모여서 밤에 지냈다 한다.

이 '무제등' 제단은 현 금과면 방축리 뒷산 덕진봉 중턱에 있는데, 이 제단 장소에는 석축을 쌓아 제사 장소를 만들고 맨 위쪽에 무제/기우제 제단을 만들어 놓았다고 한다(〈그림 40〉 참조).[23]

〈그림 40〉 금과면 방축리 뒷산 덕진봉 우편 중턱 무제터 원경(ⓒ김익두, 2024) 오른쪽 윗편 오목한 곳

---

21 조사일 : 2024년 10월 1일, 조사장소 : 순창군 금과면 일목리 마을 일원, 제보자 : 금과면 일목리 김용주(남, 1952생), 조사자 : 김익두·허정주.
22 기우제는 민속에서 보통 '무제'라고도 부르는데, 이는 고려·조선시대에, 하지가 지나도록 비가 오지 않을 때 임금 또는 지방관원·마을의 장이 제주가 되어 지내던 제사인 '무우제舞雩祭'를 민속어로 '무제'라 부르는 것이다.
23 양걸희(남, 1957생, 방축리) 제보.

9) 전통 무속 및 의술

○ **무당** : 금과면의 유명 무당으로는 판소리 명창 장판개張判盖(1886~1937)의 부인 배설향裵雪香(1895~1938)이 유명한 세습무였다 전한다.²⁴ 제보자들의 말에 의하면, 그녀의 고향은 부산 쪽이라고 한다. 이 지역 제보자들에게 그녀는 금과면의 명창 장판개의 부인으로 알려져 있고, 최동현 교수의 저서에 의하면 그녀는 부산에서 태어나 남원에 와서 소리를 공부했고, 장판개를 만나 그와 일생을 함께 하면서 그의 소리 제자가 되어 판소리와 창극을 하면서 살아간 명창이었다 한다(<그림 41> 참조).²⁵

<그림 41> 금과면 내동리 내동 2길 38, 배설향이 장판개와 살던 옛 구가 터에 최근 새로 지은 집
(ⓒ양걸희, 2024)

---

24 그러나 그 자세한 내막을 알 수 없고, 그에 관한 다른 기록은 그가 유명한 명창으로 전한다.
25 최동현(2023), 『순창의 판소리 명창』, 순창: 순창문화원, 202~211쪽.

○**한약방 및 침술**: 금과면의 전통의술은 동전리 동전 마을 애국지사 남파南坡 설진영薛鎭永[1869(고종 6)~1940]의 자제 설동열씨가 한약방을 하고 전통 침술을 시행하였으며, 지금도 동전 마을에 그가 시행하던 한약방 건물이 남아 있다(<사진 42> 참조). 이 건물은 설동열씨의 부친 설진영 선생이 사용하던 남파서실 건물이었다.

<그림 42> 금과면 동전리 동전 마을 설동열씨가 운영하던 한약방 건물(ⓒ김익두, 2024)

○**푸닥거리**: 이 지역에도 간단한 푸닥거리와 점을 쳐주는 점쟁이들도 있어서, 이들이 주로 하였던 푸닥거리로는 '잔밥멕이기'와 '주장맥이'가 있었는데, 그 방식은 다음과 같다.

우선 '잔밥멕이기'는 마을 주민 중에 누가 마을 밖을 다녀온 후에나, 나무·돌·흙을 취급한 후에 혹은 원인도 모르게 갑자기 아프면 마을 점쟁이를 불러다가 '잔밥멕이기'를 해서 이를 물리친다. 그 방법은 바가지에 붉은 팥이나 쌀을 넣어 삼베·무명천으로 싸고 머리를 두드리면서 주문을 외웠다.[26]

'주장맥이'란 '주당周堂' 곧 갑자기 생긴 급병을 맞아 거의 죽어가는 환자를 주술적으로 치료하여 살려내는 민간 의료행위를 말하는데, 주장맥이를 하는 사람이, 아픈 사람을 죽었다고 가정하고 반듯이 눕혀 놓고, 식칼과 같은 기구를 들고 환자 주위를 돌면서 "대칼로 목을 비어/ 장도칼로 멕아지를 따 갖고 아 던져번지면/ 죽네장네 없다 말고 썩 물러가그라." 등과 같은 주문을 외운 다음, 손에 들었던 칼을 문밖 쪽으로 내던져서 잡귀를 문밖으로 내쫓는 시늉을 한다.

10) 서당書堂

조선 후기에 서당書堂은 우리 서민 사회에도 깊이 자리 잡고 있었는데, 18세기 중후반~19세기 전반에 걸쳐 전국적으로 21,000여 개의 서당이 있었다고 한다. 여기에서 공부하는 학생만 해도 260,000여 명에 달하는 것으로 추정되고 있다.[27] 일본의 통계 자료에도 조선 후기 전국의 동洞·리里 숫자와 맞먹는 30,000여 개의 서당이 있었다고 하니, 5개 마을마다 혹은 약 115세대 마다 1개의 서당이 있었음을 의미한다.[28]

금과면 여러 마을에도 거의 각 마을마다 서당이 한두 개씩 있었으며, 매우리 매우마을의 경우에도 서당이 2개나 있어서, 이기·홍을표 선생 등을 모셔다가 마을 아이들에게 한문을 가르쳤다.[29]

---

26 조사일 : 2024년 3월 1일, 제보자: 금과면 일목리 김용주(남, 1952생), 조사자: 김익두.
27 『중앙 선데이』, 2020년 2월 12일자.
28 배수호(2023),『진안군 중평마을공동체』, 성균관대학교출판부, 46쪽.
29 조사일: 2024년 9월 20일, 제보자: 금과면 매우리 윤오채(남, 1942생), 조사자: 김익두.

11) 명창 名唱

○ **장판개 · 배설향** : 금과면이 낳은 유명한 판소리 명창으로 장판개張判盖[1885(고종 22)~1937)]와 그의 여인이자 수제자인 배설향裵雪香(1895~1938)이라는 사람이 있다.

그의 호적에 의하면, 장판개는 1886년 전남 곡성군 겸면에서 부친 장석중張石中과 모친 이금화李金華 사이에서 태어났다. 그의 나이 51세 때인 1935년에 순창으로 이거하여, 1938년 8월 16일 금과면 내동리 227번지에서 사망하였다 한다(<그림 43>~<사진 44> 참조). 순창군청 홈페이지

<그림 43> 금과면의 판소리 명창
장판개 모습
(ⓒ『열린순창』 제441호, 2019년 5월 8일자)

<그림 44> 금과면 내동리 배설향이 장판개와 살던 구가 문간채 모습(ⓒ 최동현, 2024)

에는 그가 순창군 금과면 연화리 '삿갓대' 마을 곧 지금의 금과면 내동리 연화 마을에 살았던 것으로 기록하고 있다.

아내 김옥란金玉蘭과의 사이에 4남을 두었고, 그의 동생 장도순의 딸이 바로 명창 장월중선 명창이기도 하다. 그의 조부 장주한과 부친 장석중은 거문고의 명인이요 판소리 명창으로 모두 참봉 벼슬을 받았다 한다.

호는 학순鶴舜이라 하며, 어려서 풍류와 판소리에 능한 부친으로부터 소리를 배우다가, 나중에 명창 김채만金采萬과 송만갑宋萬甲에게서 판소리를 배워, 송만갑의 제자 중에 첫손에 꼽히는 명창이 되었다. 21세 때 서울로 올라가 원각사圓覺社 무대에 출연하였고, 원각사 폐사 이후에는 협률사協律社에 참여하여 지방순회를 하였다.

한편, 어전御前에서도 소리를 하여 고종으로부터 참봉參奉 교지를 받았고(<그림 45> 참조), 판소리 다섯마당을 모두 잘하였다. 특히 『적벽가赤壁歌』를 잘하였고, 그 중 '장판교長板橋 싸움'의 대목은 일품이었다 한다. 그의 더늠은 『흥보가』 중 '제비노정기'가 있으며, 그의 『흥보가』는 순창군 복흥면 출신 성운선成雲仙(1928~1997)에게 이어졌다 한다. 후년 동반자였던 여인

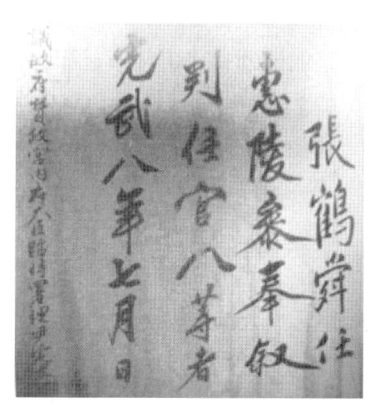

<그림 45> 장판개가 고종에게서 받은 혜릉참봉 벼슬 교지(ⓒ최동현, 2023)

배설향裵雪香(1895~1938)이 그의 수제자로 꼽히고 있다.[30]

박황은 그의 저서 『판소리소사』(서울: 신구문화사, 1974)에서 그의 소리를

---

30 최동현(2023), 『순창의 판소리 명창』, 순창: 순창문화원, 182~211쪽.

"청미함과 우람함을 겸비하여, 최하의 저음에서 최상의 고음까지를 자유자재로 마구 구사하는 기예의 절륜絶倫에 이르러, 가왕 송흥록 이후의 독보"라고 말하고 있다. 그의 외손녀 정순임 명창은 그의 소리에 대해, "후천적으로 닦은 수리성보다는 타고난 천성인 천구성 목소리가 남달랐다. 상성부 통성이 얼마나 힘이 넘쳤는지 판소리 중 최고 절정 고음부인 '서슬'을 칠 때면, 장지문의 문고리가 떨릴 정도였다"고 회고하고 있다.

그는 판소리뿐 아니라 북·해금·거문고·피리에도 능통해 20세 전후에 벌써 그 명성이 삼남 일대에 자자했다고 한다. 그의 소리는 호남보다 경주·안동 등 경상도에서 더 알아주었다고도 한다.

그의 묘소는 금과면 내동리 뒷산인 아미산 자락에 있었는데, 2010년 7월 30일 날 부부를 함께 금과농요전수회관 옆으로 이장하여 합장合葬하고 묘비를 세웠다(<그림 46> 참조).

<그림 46> 금과농요보존회관 옆에 이장하여 이루어진 장판개 부부 합장 묘소(ⓒ김익두, 2024)

이 장판개 집안의 소리는 거문고 명인이었던 부친 장석중→장판개→동생 장도순→장도순의 딸 장월중선[경북도 무형문화재 제19호], →장월중선의 딸 정순임[무형문화재 제34호] 등으로 명맥을 이어가고 있다. 지난 2007년 문화관광부로부터 '판소리명가 1호'로 지정받기도 하였다.

장판개의 아우인 장도순은 장월중선 명창의 부친으로 판소리 명창이자 8잡가꾼으로도 유명했다. 여동생인 장수향은 소리는 물론 가야금·거문고·무용에도 두루 능했다.

배설향裵雪香(1895~1938)은 장판개의 후년 여인으로, 이화중선이 출현하기 전까지 최고의 여자 명창이었으며, 어릴 때부터 장판개 명창이 가르친 수제자이자, 말년에는 장판개의 여인이 된 예술적 동반자이기도 하였다 (<그림 47> 참고).[31]

〈그림 47〉 장판개의 후년 여인 배설향 명창의 모습
(ⓒ 구글 이미지, 2024)

12) 명사名士

○**백정**栢亭 **설위**薛緯 : 조선 전기 태종~세조 때의 문신으로, 자는 중민仲敏, 호는 백정栢亭이다. 금과면 모정리 출신으로, 조선 전기의 명재상 방촌厖村 황희黃喜의 문이다. 벼슬로는 초기에 만경현령萬頃縣令을 지냈고, 세종 18년(1436)에 성균관대사성成均館大司成에 이르렀다(<사진 48> 참조).

---

31 임재호(2019), 「순창인물⑧ 금과면 삿갓대 출신 장판개 명창」, 『열린순창』 제441호, 2019년 5월 8일자.

청렴·정직하고 아첨할 줄을 몰랐으며, 최초의 한글 표기 소설『설공찬전』[중종 6(1511)]의 주인공인 설공찬薛公瓚이란 인물의 증조부가 되는 인물이다. 현재 그의 묘소가 금과면 매우리 그의 종가 뒷산에 있다.

○ **남파**南坡 **설진영**薛鎭永(1869~1940) : 순창설씨淳昌薛氏 대사성파 61세손이자 순창성황 대신 설공검薛公儉의 21대 후손이요, 청백리 대사성 설위薛緯의 16대 손으로, 홍유후弘儒侯 설총薛聰 이후 1,200여 년을 이어온 설씨 가문의 후손이다.

〈그림 48〉 세종 때 성균관대사성을 지낸 설위 직계 종손 집안의 가계 가승 책 표지
(ⓒ 설해수, 1957생 제공)

고종 6년(1869) 금과면 동전리에서 통정通政 설상기薛相基와 탐진최씨 최덕순崔德淳의 딸인 부인 사이에서 3남 1녀 중의 차남으로 태어났으며, 초명은 진삼, 자는 도홍道弘, 호는 남파南坡 또는 율재栗齋라고 하였다. 순창 복흥의 노사蘆沙 기정진奇正鎭[정조 22~고종 16(1798~1879)]의 손자인 송사松沙 기우만奇宇萬[헌종 12(1846~1916)]의 문하에서 수학했으며, 고광선高光善·박인섭朴寅燮 등과 교유하였다. 진안 이산묘駬山廟의 영광사永光祠에 충의열사 33인과 함께 배향되어 있다.

그의 나이 26세 되던 1895년에 민비가 시해되고, 단발령까지 내리자 붓을 내던지고 스승 기우만奇宇萬과 함께 의병을 일으켜, 나주·장성 등지에서 왜병과 싸워 큰 전과를 올렸다. 고종 33년(1896) 2월에도, 충청도 제천의 의병 창의대장 유인석이 보낸 격분에 찬 격문檄文을 받고 스승 기우만과 함께 광주향교에 모여 의병봉기를 하였고, 5월에도 기우만과 함께 장성에서 다시 거병하여 왜군과 접전을 벌였다.

1910년 일제에 국권을 빼앗기자 모든 행동을 중지한 채 통절痛切의 한을 품고 고향인 금과면 동전마을로 돌아와, 아미산 남쪽 동전마을 입구에 있는 자신의 생가터 사랑방 자리에 초가 서실[지금의 남파서실]을 짓고 빼앗긴 나라를 되찾을 용맹스런 후진 양성을 위해 전력을 다했다.

1922년 총독부는 식민통치를 강화하기 위해 조선호적령朝鮮戶籍令을 강제로 제정하고, 그에 따라 그의 이름이 설진창薛鎭昌으로 등재되자, 그는 왜적이 만든 호적부 이름은 절대 사용할 수 없다고 결연히 선언하고 즉시 설진영薛鎭永으로 개명했다. 호남 유림들은 그의 개결한 의지를 칭송했고, 과연 청백리 성균관 대사성 설위薛緯의 후손답다며 자신들도 본받지 못했음을 부끄러워했다.

설진영은 이처럼 일제의 창씨개명 압박을 결연히 거부하였고 일제의 회유와 당시 금과국민학교에 재학 중인 손자들을 퇴학시키겠다는 협박에도 결코 굴하지 않았다. 그는 조상 대대로 이어 내려온 전통이 무너지고 이천 년 동안 사용해온 조상의 성씨를 뺏기게 되었음에도 자신
의 힘으로 망국을 되돌릴 수 없음을 심히 부끄럽게 여기며 비분강개悲憤慷慨 하였다.

1940년 5월 19일 이른 새벽, 그의 나이 71세 때, 그는 마침내 금과면 동전리 동전설씨 재실 앞에 있는 우물에 이르러, 자신의 선조 순창성황대신 문량공文良公 설공검薛公儉과 성균관대사성 설위薛緯의 묘소를 향해 절을 올린 뒤, 현 남파서실南坡書室 앞의 우물에 뛰어들어 자결했다. 우물 옆에 꽂아둔 지팡이 위에는 그의 의관과 절명시絶命詩가 적힌 유서를 남겨, 충효로 무장한 선비의 기개를 굳건히 하였다. 설진영은 그의 유서에서 창씨개명을 저지하지 못해 조상을 뵐 낯이 없으니, 자신의 시체를 집에 들이지 말고 자

신의 서실에 안치하였다가 장례를 치르라 하였다.

훗날, 설진영의 이러한 내력을 모티브로 하여 일본 소설가 '카지야마 토시유키'라는 사람이 『족보』라는 소설을 썼으며, 한국 영화계의 거장 임권택 감독은 이 소설을 1978년에 같은 『족보』라는 이름의 영화로 만들었다.

1991년 우리나라 정부에서는 그의 이런 개결한 민족 독립운동의 공로를 뒤늦게나마 인정하여, 건국훈장 애국장[4등급]을 추서했다.

〈그림 49〉 최근에 발견 남파 설진영과 그의 아들 합본 문집 『양심재養心齋』 필사본 표지(ⓒ 임재호, 2024)

그 후, 1998년 1월 9일 그가 기거하던 '남파서실南坡書室'이 전라북도기념물 제96호로 지정되었다.

한편, 그의 문집에 『남파유고南坡遺稿』가 있다고 하나 발견되지 않고 있다가, 최근 2024년 초에 발견되어 사람들의 주목을 받고 있다. 이 문집은 금과면 동전마을에서 서당 훈장을 하던 그의 장남 설태수가 필사하여 자신이 지은 시문들과 합본한 필사본인 『양심재養心齋』란 이름의 필사본으로 정리되어 있는 상태로 발견되었다(〈그림 49〉 참조).[32]

---

32 임재호(2024), 「남파 설진영 지사 유고집 발견」, 『열린순창』 제700호, 2024년 9월 11일자.

13) 문학文學

○한국 최초의 한글번역 소설『설공찬전薛公瓚傳』의 배경지 금과면 : 이 소설은 중종 6년(1511) 무렵, 사헌부감찰·성균관대사성·대사헌·호조참판 등의 벼슬을 지낸 문신이자 영남 함창 출신인 채수蔡壽(세종 31/1449~중종 10/1515)라는 사람이 지은 고전소설인데,『중종실록』에서는「설공찬전薛公瓚傳」, 어숙권魚叔權의『패관잡기』에서는「설공찬환혼전薛公瓚還魂傳」으로 표기하였고, 국문본에서는「설공찬이」로 표기하고 있다(<그림 50> 참조).

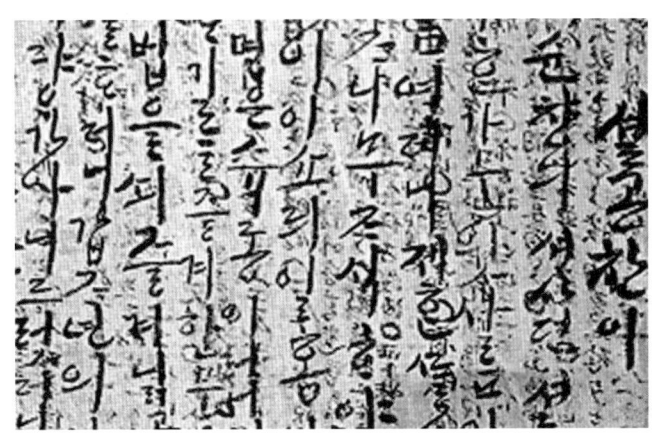

<그림 50> 한글본『설공찬전』일부 모양(ⓒ 한글박물관)

이 작품은 현 순창군 금과면 지역을 배경으로 삼아, 이곳을 관향으로 하는 순창설씨淳昌薛氏 집안의 실화實話라 표방하고, 그 등장인물들도 실존 인물과 허구적 인물을 교묘히 배합하여 설정하였다. 즉, 이 소설에 나오는 주인공 설공찬薛公瓚의 증조부 설위薛緯, 아버지 설충란薛忠蘭, 숙부 설충수薛忠壽는 실제 이 순창설씨 집안 족보에 나오는 인물이고, 설공찬과 설공침은 이 집안 족보에는 나오지 않는 인물이다.

창작 시기는 채수가 1511년 9월에 이 소설 문제로 탄핵을 받기 전인 1508~1511년으로 추정된다. 중종 6년(1511)『중종실록』9월 2일 기사에는 「설공찬전」이 한글로 번역되어 퍼지고 있다며, 이 책을 거두어들여야 한다는 조정의 논의가 나타난다.

본래 한문漢文으로 쓰였으나 한글로 번역되어 크게 유행했다. 현재 한문본은 전하지 않는다. 한문漢文 원본은 내용이 불교의 윤회화복설을 담고 있어 백성을 미혹한다하여 왕명으로 모조리 불태워진 1511년 9월 2일 이래 전하지 않는다. 한글로 번역된 국문 필사본만이 이문건李文楗의『묵재일기默齋日記』제3책의 이면裏面에「왕시전」·「왕시봉전」·「비군전」·「주생전」국문본 등 다른 고전소설과 함께 은밀히 적혀 있다가, 1997년에 극적으로 발견되었다. 국문본도 후반부가 낙질된 채 13쪽까지만 남아 있다.

국문본의 줄거리를 보면 죽은 설공찬의 영혼이 사촌 형제 설공침의 몸에 빙의憑依하여, 여러 가지 사건을 일으키다가 저승에 관해 이야기하는 부분까지만 전하고 있다.

이 소설은 그 당시 이 작품이 담고 있는 무속적인 내용의 귀신 빙의憑依, 불교의 윤회·지옥 이야기 등이 크게 문제가 되었으며, 애초에 한글로 창작되지는 않았으나, '한글로 표기된' 최초 소설이라는 점에서 소설사적 의의가 크다.

작품의 **줄거리**는 다음과 같다. "순창에 살던 설충란의 슬하에 남매가 있었는데, 딸 설씨는 혼인하자마자 바로 죽고, 아들 설공찬도 장가들기 전에 병들어 죽는다. 설공찬의 누나 설씨의 혼령은 설공찬의 삼촌 설충수의 아들 설공침에게 들어가 그를 병들게 만든다. 설충수가 주술사 김석산을 부르자, 혼령은 설공찬을 데려오겠다며 물러간다. 곧, 설공찬의 혼령이 사촌 동생 설공침에게 들어가 왕래하기 시작한다. 설공침이 야위어 가자 그의 아버지 설충수는 다시 주술사 김석산을 불러 아들 설공침에게 들어온 설공찬의 영혼을 내쫓으려고 한다. 그러자 설공찬이 설공침을 극도로 괴롭게 한다. 이에, 설충수가 다시는 주술사 김석산을 부르지 않겠다고 빌자, 설공찬은 설공침의 모습을 회복시켜 준다. 이후 설공찬의 영혼은 사촌 동생 설공침과 윤자신을 부르는데, 이들이 저승에 관해 묻자 다음과 같이 답한다.

> 저승의 위치는 바닷가이고 이름은 단월국, 임금의 이름은 비사문천왕이다. 저승에서는 심판할 때 책을 살펴야 하는데, 설공찬은 저승에 먼저 와 있던 증조부 설위의 덕으로 풀려났다. 이승에서 선하게 산 사람은 저승에서도 잘 지내나, 악한 사람은 고생을 하거나 지옥으로 떨어진다. 이승에서 왕이었더라도 반역해서 집권하였으면 지옥에 떨어지며, 간언 諫言하다 죽은 충신은 저승에서 높은 벼슬을 하고, 여성도 글만 할 줄 알면 관직을 맡을 수 있다.
>
> 하루는 성화황제가 사람을 시켜 자기가 총애하는 신하의 저승행을 1년만 연기해 달라고 염라왕에게 요청하는데, 염라대왕은 고유 권한의 침해라고 화를 내며 허락하지 않는다. 당황한 성화황제가 친히 염라국을 방문하자, 염라대왕은 그 신하를 잡아오게 해 손을 삶으라고 한다."

당시의 역사적인 상황과 채수蔡壽의 행적을 고려할 때, 이 작품이 어떠한 주제를 지향하고 있는가를 이해할 수 있다. 강직한 언관의 길을 걷던 채수는 중종반정 직후 관직을 버리고 처가인 영남 함창咸昌에 내려가 은거하였는데, 여기에 쾌재정快哉亭이란 정자를 짓고 소일하는 동안, 평소 발언하고 싶었던 바를 이 소설을 빌어 피력한 것으로 보인다.

작품 내용의 대부분을 차지하는 것은 주인공 설공찬의 혼령魂靈이 전하는 저승 소식인데, 이 중 가장 눈에 띄는 것은 반역으로 정권을 잡은 사람은 지옥에 떨어진다고 한 대목이다. 이는 연산군을 축출하고 집권한 중종 정권에 대한 비판이라 할 수 있다. 폭군이라 할지라도 끝까지 보필하여 올바른 정치를 하도록 하는 것이 신하의 바른 도리라는 평소의 생각을 드러내고 있는 부분이다.

아울러 여성이라도 글만 할 줄 알면 얼마든지 관직을 받아 잘 지내더라는 대목도 주목되는데, 이는 여성을 차별하는 조선의 사회 체제를 꼬집은 것이라 하겠다.

한마디로 말해, 이 작품은 유교 이념으로는 설명할 수 없는 영혼과 사후세계의 문제를 끌어와, 당대의 정치와 사회 및 유교 이념의 한계를 비판하였다고 할 수 있다.

이 작품이 지니는 국문학사적 가치는 지대하다. 이 작품은 『금오신화』를 이어 두 번째로 나온 우리나라 소설小說로서, 『금오신화』(1465~1470)와 『기재기이企齋記異』(1553) 사이의 공백을 메꾸어 주는 작품이다. 특히, 그 국문본은 한글로 표기된 최초의 국문 번역 소설로서, 이후 본격적인 창작 국문 소설이 출현하게 되는 데 결정적인 역할을 하였다고 평가된다.

그 동안 학계에서는 최초의 국문 소설로 알려진 「홍길동전」이 장편인 데다 완벽한 구조를 지니고 있어, 필시 그 이전에 어떤 형태로든 국문 표기 소설이 있었을 것으로 추정해 왔다. 그러나 그 중간 작품으로 제시된 「안락국태자전」·「왕랑반혼전」 등이 모두 소설이 아닌 불경의 번역이라 안타까워했는데, 「설공찬전」의 국문본이 발견됨으로써 이 가설이 물증으로 증명되었다.

이 작품은 조선 최초의 금서로 규정되어 탄압받았을 만큼, 각지 각층의 독자에게 광범위하게 영향을 미치고 인기를 끌어 조정에서까지 논란의 대상이 되었다. 이로 인해 우리나라 소설로는 유일하게 『조선왕조실록』에도 올랐으니, 소설의 대중화를 이룬 첫 작품이라고도 할 수 있다.[33]

---

33   이복규(1997), 『설공찬전: 주석과 관련자료』, 서울: 시인사.

제3장
순창 농요 금과 들소리의
역사와 전승계보

제3장
순창 농요 금과 들소리의
역사와 전승계보

1. 역사

 순창 농요 금과 들소리는 여러 차례에 걸쳐서 역사적 변화 · 변이들을 겪어오게 되었다. 이 들소리/논농사노래와 같은 구비전승 예술은 그 구체적인 역사 기록들이 존재하지 않고 입에서 입으로만 전승되어 온 것이기 때문에, 이에 관한 구체적인 역사를 기술한다는 것은 매우 지난한 일이다.
 이런 문제점에 대응하는 역사 기술 방법은 미시적인 역사를 기술하는 방법보다는 좀 더 거시적인 역사 기술의 관점에서 서서, 문화사적인 시각에서, 영향사적인 관점을 고려하면서 바라보고 기술하는 태도가 좀 더 바람직하다. 이런 관점에 서게 되면, 아주 구체적인 역사 자료들에 의존하지 않고서도 민요와 같은 구비전승물의 역사를 거시적으로는 어느 정도 기술할 수가 있기 때문이다.
 이런 시각에서 금과 들소리의 역사 기술에 있어서 가장 중요한 것은, 들소리 자체의 구체적인 '내적요소 분석'과 이러한 내적요소들의 양상에 영향을 준 '외적 영향요인 분석'을 심도 있게 해내는 것이 된다. 이런 시각에서 금과 들소리의 역사적 전개 과정을 간략히 기술해 보면 다음과 같다.

1) 기원: 임진왜란[선조 25(1592)~선조 31(1598)] 전후

역사 기록에 의하면, 지금의 금과면 일대는 조선 영조英祖 36년(1760)에 금동방金洞坊 11개 리里와 목과방木果坊 8개 리里로 개편되었다는 기록이 있다.¹

또한, 고종 34년(1897)에는 '방坊'이란 행정구역 명칭을 '면面'이란 명칭으로 변경하면서, 금동면金洞面과 목과면木果面이 되었는데, 이 시기의 **금동면**金洞面에는 수양水楊·고산高山·발산鉢山·산수山水·내동內洞·연화蓮花·동전銅田·대장大場·만촌蔓村·대성大星·대각大角·청룡靑龍·치등峙嶝·방성旂聲·석촌石村이 속해 있었고, **목과면**木果面에는 고례古禮·송정松亭·방축防築·매우梅宇·호치虎峙·남계南溪·장장獐藏·상장장上獐藏·일목一木·이목二木·계전桂田이 속해 있었다.²

그리고, 각 금과면 24개 마을들의 역사 관련 기록을 보면, 가장 오래된 마을로는 고례古禮/예촌 마을로 백제 말기로까지 거슬러 올라가며, 그 다음으로는 호치虎峙/범재 마을로 600여 년 전 고려 중엽, 그리고 대각大角·일목 마을이 500여 년 전, 동전銅田·발산鉢山·대성大星·청룡靑龍·남계南溪·장장獐藏·방성訪聖마을이 400여 년 전, 그 나머지 마을들이 300~200년 전에 이루어진 것으로 기록되어 있다.³

이상의 기록들로 보면, 적어도 조선 영조英祖 36년(1760)에는 금과면의 전신인 금동방金洞坊에 11개의 리里가 있었으며, 목과방木果坊에 8개의 리

---

1   순창군 편(2023), 『순창군지』, 순창: 순창군청, 155쪽.
2   앞의 책, 같은 쪽.
3   금과향지간행위원회(2010), 『금과향지』, 순창: 금과향지간행위원회, 69~134쪽.

里가 있어서, 이 둘을 합치면 19개의 리里가 존재했다는 것을 알 수가 있으며, 이후 150년 정도가 지난 고종 34년(1897)에는 '방坊'이란 행정구역 명칭을 '면面'이란 명칭으로 변경되면서, 금동면金洞面面에는 15개 마을[수양水楊·고산高山·발산鉢山·산수山水·내동內洞·연화蓮花·동전銅田·대장大場·만촌蔓村·대성大星·대각大角·청룡靑龍·치등峙嶝·방성訪聲·석촌石村], 목과면木果面에 11개 마을[고례古禮·송정松亭·방축防築·매우梅宇·호치虎峙·남계南溪·장장獐藏·상장장上獐藏·일목一木·이목二木·계전 桂田]이 속해 있어서,[4] 이를 합해서 모두 26개 마을로 늘어나 있었음을 알 수가 있다.

한편, 우리나라에서 모를 키워서 이것을 논에 옮겨 심는 **이앙법**移秧法이 일반화된 것은 임진왜란 이후부터였다는 점을 고려한다면,[5] 이 순창 금과면 지역에서 모를 미리 키워서 논에 옮겨 심은 이앙법이 일반화된 것도 바로 임진왜란 이후로 볼 수 있다.

그런데, 앞서 살펴보았듯이 금과면 여러 마을들의 역사도 임진왜란 시기인 400여 년 전에 이미 11개 마을[고례古禮/예촌·호치虎峙/범재·대각大角·동전銅田·발산 鉢山·대성大星·청룡靑龍·남계南溪·장장獐藏·방성訪聖]이 존재했기 때문에, 이 임진왜란을 전후한 시기부터 이 금과면에서도 미리 못자리를 만들어 모를 키워서 논으로 옮겨심는 **이앙법**移秧法 벼농사가 일반화 되어 왔음을 짐작할 수가 있다.

금과 들소리는 바로 이 벼농사의 이앙법이 일반화된 이후에 좀 더 본격적으로 형성된 민요이기 때문에, 오늘날 전승되는 금과 들소리의 역사도 결국 임진왜란을 전후한 시기 이전으로까지는 거슬러 올라갈 수가 없다.

따라서, 오늘날 전해지는 금과 들소리의 역사적 기원은 바로 이 임진왜

---

4   앞의 책, 같은 쪽.
5   『두산백과』, '이앙법' 항목 참조.

란을 전후한 시기로 보는 것이 가장 합당하다 하겠다. 그 가장 중요한 이유는 이앙법이 전국적으로 일반화된 시기인 임진왜란을 전후한 시기에, 이 순창군 금과면 지역에는 이미 적어도 11개 마을들이 존재하고 있었기 때문이다.

2) 임란 이후: 전형적 토대 요인으로서의 '육자배기토리'

어떤 문화이든지 간에 그 문화의 형성 과정을 이해하기 위해서는 그 문화의 토대 요인과 영향요인을 나누어 생각하는 것이 그 문화의 이해에 도움이 된다.

그렇다면, 금과 들소리의 토대 요인을 음악학적으로 무엇으로 보아야 하는가의 문제가 금과 들소리의 역사적 전개 과정을 논의할 때 가장 우선시되는 문제이다.

이 문제에 관한 해답의 실마리는 이 금과 들소리가 전승되는 지역이 우리가 이해하고 있는 음악적 토리 중에 어떤 토리가 지배해온 지역인가 하는 문제와 깊이 관련되는 것이라 할 수 있다.

주지하다시피, 이 금과 들소리의 형성 지역은 이른바 **'남도문화권'**에 속해 있으며, 그러한 사정은 앞서 기술한 바와 같이 이 지역의 '장터-문화권'이 크게 볼 때는 전남 광주문화권에 속해 있다는 사실로 좀 더 분명해진다. 이것은 이 지역 주민들이 문화적으로 전남문화권에 속해 있거나 전남문화권과 가장 긴밀하게 연계되어 왔다는 것을 의미한다.

그렇다면, 전남문화권의 민요를 가장 강력하게 지배하는 민요의 토리는 바로 우리 한국음악학에서 언급해온 '육자배기토리'이고, 이 민요의 토리가 결국 금과 들소리의 **지배적 토리**로 보아야 마땅하다.

이렇게 볼 때, 금과 들소리가 형성되어온 역사적 과정 중에서 그 가장 초기에 작동한 음악적 토리는 바로 '**육자배기토리**'로 보는 것이 합당할 것으로 판단되며, 이렇게 보면 결국 금과 들소리라는 한 들소리/논농사노래가 하나의 전형적 양식으로 양식화되는 과정에서 그 가장 기본적 토대를 이룬 것은 남도 육자배기토리라고 보는 것이 합당하다.

  이러한 사실은 이 금과 들소리의 음악학적 분석 결과를 통해서도 여실히 분명하게 드러나는데, 금과 들소리를 포함한 순창군 지역 들소리의 음악적 토리를 분석한 최근의 논의를 보더라도, 이 지역 들소리에서 남도 육자배기토리가 강하게 나타나고 있다는 사실을 확인할 수가 있다.[6]

  이상의 논의를 종합하면, 순창 금과 들소리 형성의 토대 요인은 바로 음악학적으로 볼 때 남도 육자배기토리로 보는 것이 합당하며, 이 요인은, 금과 들소리가 형성되기 시작한 임진왜란[선조 25(1592)~선조 31(1598)] 이후의 시기 곧 우리나라 논농사에 이앙법이 본격화된 시기에서부터 이 금과 들소리에 가장 강력한 토대 요인으로 작동해 왔을 것으로 판단된다.

  이 '육자배기토리'로 된 가장 대표적인 금과 들소리는 이 지역 장원질소리인 '산아지타령'이다.

3) 조선중기: '경토리' 지배적 영향기

  문화전파이론culture diffusion theory에 따르면, 어떤 사회집단의 문화변동의 원인은 첫째, 집단 내부의 독자적인 힘에 의한 것, 즉 발명이나 전통의 개혁 등에 의한 것과, 둘째, 외부로부터의 이입에 의한 경우가 있는데, 이 두 번째 요인이 바로 문화변동에 매우 강력한 요인으로 작동하게 된다.

---

6 강재욱(2024), 「순창 '금과 들소리'의 지역적 성격과 음악적 특징」, 『순창 금과 들소리의 민요문화적 의미와 무형문화유산적 가치』, 서울: 민속원, 119~147쪽.

문화전파의 요인/경로는 직접전파·간접전파·자극전파 등의 요인들이 있다.[7]

이 중에 **직접전파**는 두 문화 체계 사이의 직접적인 접촉에 의한 전파로서, 교역을 통해서 어떤 새로운 물질이나 새로운 지식을 전하거나 부족 간의 통혼通婚으로 풍속이나 제도를 수용하는 것, 부족 간의 의례적인 방문 등을 통해서 노래와 춤 등을 전파하는 것, 정치적 정복에 의해 강제로 어떤 정복자의 문화가 피정복민 사회에 전파되는 것 등이 모두 이런 직접전파에 속하는 것들이다.

간접전파는 직접적인 접촉에 의한 것이 아닌, 어떤 문화 전달 매개체를 통해서 문화가 전파 이동되는 것을 말하는데, 예컨대 선교사·무역중개인·교육자·여행자 등에 의한 문화 전파가 그 대표적인 사례들이다. 우리는 이러한 대표적인 사례를 페니키아 무역인들이 셈족으로부터 알파벳을 희랍에 전한 것, 십자군이 서구문화를 모슬렘 사회에 전파시킨 것, 현대의 선교사가 서구문화를 비서구문화지역에 전한 사례 등을 들 수가 있다.

자극전파는 어떤 문화의 전파가 새로운 발명을 자극하는 것으로서, 어떤 문화의 구체적인 내용이 전해지지 않고 일반적인 개념만 전파되어 새로운 발명을 자극하는 것이다. 예컨대, 훈민정음 이전에 중국의 한자 표기법을 빌려서 이를 활용하여 우리나라 말을 표기하는 차자법借字法인 이두吏讀를 만들어낸 것 등이 그 대표적인 사례가 될 수 있다.

순창 금과 들소리에 작동해온 문화전파 요인들로는 결국 이러한 3가지 요인들이 모두 작동하여 오늘날의 금과 들소리가 이루어졌다고 보는 것이 합당하다 하겠다.

---

7   네이버 『두산백과』, '문화전파' 항목 참조.

이런 관점에서 금과 들소리의 역사적 변화를 보게 되면, 금과 들소리에 가장 먼저 큰 영향을 미친 영향요인으로는 이른바 우리나라 민요의 '**경토리**'의 영향을 거론해야만 한다. 왜냐하면, 오늘날 금과 들소리를 분석해 보면 이 경토리가 가장 강력한 영향요인으로 나타나고 있기 때문이다. 예컨대, 최근 금과 들소리의 음악적 특징을 분석한 논문을 보면, 금과 들소리를 비롯한 순창군 전 지역에 전승되어온 들소리에 이 '경토리' 혹은 '남부경토리'가 매우 광범위하게 나타나고 있기 때문이다.[8]

이러한 영향요인들이 금과 들소리에 본격적으로 작동하게 된 시기는 영정조시대 이후에 본격화된 것으로 보인다. 왜냐하면, 앞서 금과면의 역사를 살펴본 장에서 기술한 바와 같이, 이 영조英祖 36년(1760)에 금과면 지역의 행정구역을 금동방金洞坊 11개 리里와 목과방木果坊 8개 리里로 개편했다는 기록이 있기 때문이다. 이 기록은 이 금과면 지역을 나라에서 좀 더 본격적으로 관리·통치했다는 것을 말해주며, 이러한 본격적인 관리·통치 과정을 통해서 이 통치의 중심지인 한양/서울의 문화가 직접전파·간접전파·자극전파 등의 요인으로 이 금과면 지역에 전파되었다는 것을 의미한다.

이러한 사실을 간접적으로 입증하는 것으로 <그림 51>과 같은 지도가 있다. 이 조선시대 금과면의 지도를 보면, 오늘날의 금과면에 해당하는 금동방金洞坊·목과방木果坊을 다스리기 위한 도로-교통망이 한양/서울과 직통하는 '남원계南原界'와 직접 연결되어 있음을 보여준다. 이것은 이 도로-교통망을 통해서 한양의 문화가 이 지역에 직접-간접적으로 부단히 전파되었다는 것을 암시해주고 있다.

---

8   강재욱(2024), 앞의 논문, 같은 쪽.

〈그림 51〉 조선시대 순창 금과면의 지도(송화섭 제공, 2024)

　이러한 영향요인이 본격적으로 작동해 온 시기는 영·정조시대 이후로 보는 것이 합당함을 앞의 근거들이 간접적으로나마 입증하고 있다.
　그렇다면, 이런 한양/서울 중심의 문화가 순창 금과 들 소리 지역으로 전파되었다는 것은 민요학적으로 보자면 바로 서울-경기지역의 민요 토리인 '경토리'가 순창 금과 들소리 지역으로 전파되었다는 것을 의미하게 되며, 결론적으로 영정조시대 이후에 금과 들소리에 '경토리'의 영향이 본격화되었다고 볼 수가 있다.
　금과 들소리의 '경토리/남부경토리'의 대표적인 소리는 '/방아/방애타령'이라고 할 수 있다.

4) 조선후기: '메나리토리'의 영향기

앞서 잠깐 언급한 문화전파이론에 의하면 문화전파가 직접전파 · 간접전파 · 자극전파 등의 요인에 의해 전파되기는 하지만 그런 요인들이 작동하는 가장 핵심적인 요인은 근현대 이전에는 바로 도로-교통 요인이다.

이러한 도로-교통 요인으로 보면 앞절에서 기술한 바와 같이 '경토리'가 가장 먼저 금과 들소리에 작동한 것은 분명한 사실이며, 그 다음으로 영향을 미친 것은 바로 동부 '메나리토리'의 영향이다. 왜냐하면, 서울-경기 지역의 '경토리' 민요의 영향력이 미치는 도로-교통망 보다는 우리나라 동부 '메나리토리'의 영향력이 미칠 수 있는 도로-교통망이 상대적으로 훨씬 소략하였기 때문이다.

따라서, 우리나라 동부 '메나리토리' 민요의 영향력은 상대적으로 서울-경기지역의 '경토리/남부경토리' 민요의 영향력이 본격적으로 작동한 시기보다는 훨씬 더 늦은 시기가 되었을 것이 거의 분명하다.

실제로 동부 '메나리토리' 민요가 순창 금과 들소리에 영향을 미칠 수 있는 도로-교통망은 서울-경기지역의 '경토리' 민요가 전파된 도로-교통망과 비교가 되지 못할 만큼 상대적으로 열악했다. 즉, 동부 '메나리토리' 민요가 전파될 수 있는 주요 도로-교통망은 조선시대에는 남원계南原界와 인접해 있는 임실 · 장수 · 운봉 등의 경계지역이었고, 이 세 지역에는 바로 동부 '메나리토리' 민요권과 연결되어 있음을 오늘날 채록되는 이 지역의 민요들을 통해서 확인할 수가 있다.[9]

이러한 저간의 사정과 문화전파상의 요인들로 볼 때, 금과 들소리에 영

---

9 김익두(2012), 『한국민요의 민족음악학적 연구: 전북민요의 경우』, 서울: 민속원, 43~50쪽.

향을 미친 것으로 나타나고 있는 동부 '메나리토리'의 본격적인 영향은, '경토리'의 영향보다는 시기상으로 좀 더 후기에 이루어진 것으로 판단할 수 있으며, 그 시기는 대체로 조선 후기일 것으로 생각된다.

역사적으로 볼 때, 조선 후기에 이르게 되면 보부상裸負商 등의 상업-교통망이 본격화되고, 이러한 교통망을 통해서 한양/서울 중심의 교통망이 아닌 산간벽지들 사이의 교통망들도 본격화되었기 때문이다.[10]

전라도 지역에 동부 '메나리토리'가 전파되는 통로는 대체로 두 가지가 있었다. 하나는 백두대간의 태백산에서 남서쪽으로 방향을 틀어 내려온 소백산맥에서, 그 서남쪽인 충남 부여 쪽을 거쳐 금강을 넘어 익산 · 옥구 · 군산 등지를 거쳐 전라도 서부로 유입되는 방향이 있었다. 다른 하나는 소백산맥에서 덕유산 · 지리산 쪽을 거쳐 전라도 동북부인 무주 · 진안 · 장수 쪽으로 유입되는 방향이 그것이다.

이 중에 전라도 서부로 유입된 '메나리토리'는 금강을 넘어 전라도 '육자배기토리'와 만나 매우 독특하게 애연처절哀然悽絶한 이른바 '산유화조/산유화토리'를 형성하고,[11] 전라도 동부로 유입된 '메나리토리' 민요는 그 본래의 성격을 유지하면서 금산 · 무주 · 장수 · 진안 · 운봉 · 남원에까지 도달하고, 그 여파가 임실 · 순창 · 곡성 · 구례에까지 미치고 있다.[12]

금과 들소리에서 '메나리토리' 계통의 들소리는 '문열가'라고 할 수 있다. 이 소리는 이곳에 와서 '경토리' 계통 소리로의 변이variation가 일어나고 있

---

10 참고로, 보부상이 전국적인 조직을 갖게 된 것은 1879년(고종 19) 9월에 발표된 「한성부완문(漢城府完文)」에서 찾아볼 수 있다.
11 김익두(2013), 「민요 '산야/산유화'와 '판소리'의 '노장 산유화조' 및 '진양조'의 관계에 관하여: 민요 '산야/산유화'를 통해 본 판소리의 '산유화조'와 '진양조'」, 『판소리연구』 35권, 판소리학회, 57~76쪽.
12 이보형(2008), 「동남東南토리 음구조 유형 생성과 변이 : 메나리토리와 육자배기토리를 중심으로」, 『한국음악연구』 44집, 한국국악학회, 115~142쪽. 이 논문에서 논자는 동부 메나리토리가 전라도 지역으로 전파되어 육자배기토리에 가까워지는 전개 과정을 음악학적으로 분석 제시하고 있다.

지만, 여러 면에서 이 소리의 전파적 계통의 근원지는 동부 '메나리토리' 계통이다.

5) 조선말기: '서도토리' 영향기

금과 들소리에는 서도소리 계통의 '연꽃타령'이란 노래가 있는데, 이 들소리는 일반적으로 '배꽃타령'이라는 명칭으로 널리 알려져 있는 황해도 민요이다. 이것이 조선 말기에 경기도를 근거지로 활동한 남사당패들에 의해 남쪽 여러 지역으로 널리 전파되면서 '경토리' 계통의 노래 창법으로 변이되면서 전파되었다는 것이 최근 연구에 의해 밝혀지게 되었다.[13]

그런데, 이 황해도 토속민요 '배꽃타령'이 사당패들에 의해 남쪽 특히 호남지역 쪽으로 널리 전파되는 과정의 거의 한 중간 지점에 순창 금과 들소리가 있고, 이 들소리 속에 금과 들소리 종목 중의 하나로 유입되어 있음을 확인할 수가 있다.

이와 같이, 금과 들소리 속에 손으로 매는 소리/'한벌매기소리'로 유입되어 있는 이 소리가 앞의 연구 결과와 같이 사당패들에 의해 전파된 것으로 본다면, 이 사당패들의 본격적인 활동 기간이 주로 조선 말기이므로, 이 노래의 순창 전파 시기도 조선 말기로 보는 것이 타당하리라 판단된다.

6) 근현대: 앞선 영향들의 융합 존속기

이상에서 살펴본 바와 같이, 금과 들소리는 이 금과면 지역의 지역적 위

---

13 손인애(2005), 「토속민요 '배꽃타령' 계통 소리 연구」, 『한국민요학』 17집, 한국민요학회, 173~208쪽.

치로 인해서, 이 지역 민요의 기본 토리인 '육자배기토리'를 그 음악적 어법의 토대로 한다.

역사적으로 조선 중기 임진왜란을 전후한 시기에서부터 들소리의 형성이 좀 더 본격적으로 이루어져, 조선 중기에는 이 지역이 국가 행정기구 조직의 본격적인 지배를 받으면서, 서울-경기 지역 민요의 '경토리/남부경토리' 음악어법의 영향을 점차적으로 지대하게 받는다.

그 다음으로 조선 후기 보부상 등이 본격적으로 활동하면서 각 지역 간의 문화적 유통과 전파가 좀 더 활발하게 전개되는 시기에 와서는, 함양·운봉·장수 쪽과 연결되어 있는 남원 쪽을 통해서 동부 '메나리토리'의 음악어법도 본격적으로 유입되기 시작한 것으로 판단된다.

그리고, 조선 말기에 이르러서는 경기지역에 근거지를 두고 전국적으로 활동한 사당패들의 전파 활동에 의해서 황해도 통속민요로 알려진 '배꽃타령'까지 금과 들소리에 전파 유입된다. 이렇게 되면서, 금과 들소리는 그야말로 전국 모든 민요 어법들의 영향을 골고루 수용하는 놀라운 단계로 전개되어 왔다고 할 수 있다.

이러한 순창 금과 들소리의 역사적 전개는 오늘날의 시대인 일제강점기~현재에 이르러서, 이러한 모든 다양한 전파 영향들을 두루 수용한 상태로 융합·고정되어, 무형문화유산 형태로 전승·보존되고 있다고 할 수 있다. 왜냐하면, 이 들소리는 이제는 그 전승현장이 소멸된 상태여서, 자생적인 현장 전승력은 '순창 농요금과들소리보존회'에 의해서 문화재 보호 대상 형태로 전승되고 있기 때문이다.

2. 전승계보

현재 구체적으로 파악되는 금과 들소리의 전승계보를 보면 다음과 같다.

설청하(금과면 동전리, 1907년생) · 양초복(금과면 대장리, 1910년생)
↓
이정호(금과면 매우리, 1940년생)
↓
윤영백(팔덕면 덕천리, 1983년생)
김학춘(금과면 석촌리, 1954년생)
최애순(금과면 대성리, 1960년생)
전선애(금과면 청룡리, 1952년생)
박판주(금과면 방축리, 1951년생)
강귀순(금과면 목동리, 1960년생)
심귀옥(금과면 매우리, 1956년생)

이 금과 들소리의 전승계보를 보면, 어떤 한 마을에서 전승되어온 들소리라기 보다는, 금과면의 중심 들판인 '대장뜰'을 중심으로 하는 금과면 일원의 들판에서 행해온 논농사 농사꾼들이 함께 부르고 전승해온 들소리라는 것을 알 수 있다.

이러한 전승이 가능한 것은, 이 전승 주체들이 공동으로 참여해온 논농사 현장에서 공동 노동의 형태로 함께 논농사 행위를 행하면서, 공동으로 들소리를 불러왔기 때문이다.

들소리 전승에서 가장 중요한 역할을 해온 전승자는 **이정호**씨(1940년생)이다. 그는 금과 들소리가 불려지고 전승되는 그 전승 현장이 농법의 변화

〈그림 52〉 금과 들소리 주요 전승자 고 이정호(1940생) 선생 근영(ⓒ양걸희, 2024)

로 소멸한 뒤에도, 소멸 위기에 놓인 이 금과 들소리를 금과면 일대의 후손들에게 가르쳐 전승이 끊어지지 않도록 하는 전승 노력의 중심에 있기 때문이다.

제4장

전북민요 민요권 상에서의 순창 농요 금과 들소리 위상과 특성

한국민요의 남도적 터미널

제4장
전북민요 민요권 상에서의
순창 농요 금과 들소리 위상과 특성
한국민요의 남도적 터미널

1. '금과 들소리'에 전파·작동된 한국민요들의 음악어법들

'금과 들소리'의 특징은 이른바 남도 '육자배기토리'를 중심으로 하면서도 우리나라 여러 지역의 민요 토리들이 두루 융합되는 특징을 보인다는 점이다.

이러한 금과 들소리의 특징을 민요학자 나승만 교수는 '터미널'과 같은 소리라고도 평가한다.[1] 즉, 여러 지역의 소리들이 종착지인 어느 한 곳으로 모이는 특징을 가지는 소리라는 뜻이다.

금과 들소리에는, 지역적으로 보아도 전라도 소리인 '산아지타령' 계통의 노래를 중심으로 하면서도, 멀리 황해도 지역에서 불려지던 서도소리 계통인 '배꽃타령'도 전파되어 들어와 있고,[2] 경기민요인 '방아타령'도 이 금

---

1 김익두·허정주 외(2024), 『순창 금과 들소리의 민요문화적 의미와 무형문화유산적 가치』, 서울: 민속원, 54~55쪽.
2 손인애(2005), 「토속민요 '배꽃타령' 계통 소리 연구」, 『한국민요학』 17집, 한국민요학회, 173~208쪽.

과 들소리에 전파되어 들어와 있다. 우리나라 동부 지역인 함경도·강원도·경상도 지역을 중심으로 전파되어온 메나리조 계통의 '문열가' 소리도 이곳 들소리에 전파되어 들어와 있다.

물론, 그 소리들이 그대로 유입되어 있는 것은 아니고, 이 지역의 민요성에 맞게 창조적으로 변이variation되어 이루어져 있기는 하지만, 그 민요의 지역적 계통 계보로 보자면, 이처럼 우리나라 전국의 민요들이 이 지역 들소리에 들어와 '금과 들소리'라는 독특한 지역 농요農謠 무형문화유산 소리를 이루어 놓고 있다.

이러한 특성을 민요의 '토리' 면에서 다시 정리해 보자면, 이 지역의 들소리는 남도 **'육자배기토리'**의 민요성을 중심 기반으로 하면서, 거기에 우리나라 동부 함경도·강원도·경상도·충청도 일부 지역을 거쳐서, 전라도 동북부 지역인 금산·무주·장수·진안·완주·임실·남원·순창·곡성·구례, 그리고 충남·전라도 서부 지역인 익산·군산·옥구·김제·부안에 이르기까지 그 영향력을 미치고 있는 이른바 동부 **'메나리토리'**, 강원도 서부 및 서울·경기·충청도·전라도 서부 지역에까지 강력한 영향력을 미치고 있는 **'경토리/남부경토리'**, 그리고 심지어 이마꾼들[3] 및 조선 후기 떠돌이 사당패들 등에 의해 남쪽으로 이동해 들어온 **'서도토리'** 계통의 민요 전통까지도 받아들여서, 독특한 범지역적인 **'소리융합'** 양상을 이루어 놓고 있다.

이러한 독특한 금과 들소리의 범지역적인 소리 융합의 특성은 최근 많은 민요학자들의 주목을 끌고 있다.[4]

---

3   '이마꾼'이란 어느 지역의 말들을 다른 지역으로 옮기거나 말에 물건들을 싣고 여러 지역을 떠돌면서 장사를 하거나 하는 사람들을 말한다. (1983년 3월 16일, 전북 옥구군 대야면 죽산리 탑동 마을, 고판덕(83세) 제보, 김익두 조사).
4   이러한 학술적 관심은 2023년 12월 1일, '순창 금과 들소리의 민요문화적 성격과 무형문화재적 가

금과 들소리 중에서 육자배기토리가 가장 강하게 나타나는 노래는, 논매기를 마치고 일꾼들이 마을로 돌아올 때 흥겹게 부르는 노래인 장원질소리인 〈산아지타령〉이다.

동부 메나리토리 음악어법의 전파 영향을 가장 강하게 받은 대표적인 금과 들소리는, 주로 논매기를 시작할 때 부르는 〈**문열가**〉이다. 이 노래는 우리나라 동부 메나리토리의 가창 방식인 두 사람 혹은 두 패가 후렴 없이 동일한 곡조로 계속해서 이어 불러 나아가는 두 사람 혹은 두 패 교환창 노래를, 금과 지역에 맞게 두 패로 나누어진 품앗이 논매기 일꾼들이 한 소절씩 번갈아 가며 제창으로 부르는 '제창-교환창' 가창방식으로 변이시켰다. 그 창법도 동부 메나리토리가 아닌 경토리/남부경토리 창법으로 변이시켜 재창조하였다.

경토리/남부경토리의 음악어법 영향이 가장 강력하게 나타나는 금과 들소리로는 〈**방애타령**〉·〈**담담설움타령**〉·〈**오호타령**〉 등으로 나타난다.

그리고 서도토리 민요의 영향을 가장 크게 반영하는 들소리는 바로 〈**연꽃타령**〉이다. 이 노래는 처음에는 서도토리로 된 황해도 통속민요였던 것이, 경기도를 지나 전라도로 전파되면서 점차 경토리/남부경토리가 지배하는 민요로 변이된 노래가 되고, 전라도 지역에 정착하면서 여기에 육자배기토리까지 가미된 노래로 변이되었다.[5]

그러면, 이러한 '금과 들소리'의 민요학적 특징들을 전북지역 민요의 전반적인 분포 양상 속에서 좀 더 구체적으로 파악해 보면 다음과 같다.

치'란 주에로 전국 학술대회가 개최되었으며, 그 결과물들은 『순창 금과 들소리의 민요문화적 의미와 무형문화유산적 가치』(김익두 외 4인, 서울: 민속원, 2024)란 연구서로 간행된 바 있다.

5 손인애(2005), 앞의 논문 참조.

2. 전북민요의 전반적 분포 양상과 권역별 특성

1) 전북민요의 민요권 구분

민요의 지역적 특성을 파악하려면, 민요의 지역별 분포 상황을 구체적으로 파악하고, 이것을 토대로 하여 민요권을 구분하고, 민요지도를 작성할 필요가 있다.

이 작업을 위해서는 먼저 지역별 분포 상황을 자세하게 파악해야, 이것을 가지고 민요권의 구분과 민요지도의 작성을 용이하게 수행할 수 있다.

이를 위해서는 소지역별 특성을 공시적 · 통시적으로 면밀히 고찰해야 하며, 전북 전지역에 두루 분포하는 '비고정민요'를 통해서는 이러한 파악이 불가능하고, 전북의 여러 소지역에서만 불려지는 노동요勞動謠나 제의요祭儀謠와 같은 '**고정민요**'를 통해서만이 이 작업이 가능하다.

이 작업은 전북지역 민요의 구체적인 특성을 확실하게 밝힘으로써 이를 통해 이 지역 민요의 특성을 좀 더 깊이 있게 이해하기 위한 것이다. 그러나 이 일은 이 지역 제보자들의 민요를 아주 자세하게 조사해야 하는 어려움이 따르는 것이므로 쉬운 일은 아니다.

여기서는 그 토착성과 지역성이 가장 강한 '노동요'를 중심으로 하여 전북민요의 지역구분을 행하고자 한다. 노동요, 특히 생활의 경제적 근거를 마련하기 위한 노동요를 기준으로 볼 때, 전북민요는 ① 동북부-산간 민요권(무주군, 장수군, 진안군, 완주군의 운주면, 남원시의 아영면 · 동면 · 산내면 · 운봉면), ② 동남부-산간분지 민요권(임실군, 남원시의 아영면 · 동면 · 산내면 · 운봉면을 제외한 전지역, 순창군), ③ 서북부-평야 민요권(익산시, 군산시, 완주군의 운주면을 제외한 전지역, 전주시, 김제시, 부안군), ④ 서남부-평야 산간 민요권(정읍시, 고창군), ⑤ 서부-해안 도서 민요권(위도 · 식도 · 왕등도 · 비안도 · 신시도

·무녀도 · 선유도 · 장자도 · 관리도 · 야미도 · 방축도 · 명도 · 말도 · 개야도 · 연도 · 어청도, 군산 · 김제 · 부안 · 고창 해안지역)으로 5분 할 수 있으며, 이를 그림으로 보면 다음과 같다(<그림 53> 참조).

<그림 53> 전북지역의 민요권 구분 지도

2) 민요권별 특성과 그 문화적 의미

(1) 동북부-산간 민요권東北部山間民謠圈

지역 및 생업비중 : 이 지역은 무주군 · 장수군 · 진안군 · 완주군 운주면 · 남원군 아영면 · 동면 · 산내면 · 운봉면[6]을 포괄하는 산간지역으로, 밭농사와 논농사가 대략 1:1의 비율을 차지하는 지역이다. 지대가 높고 산이 많아, 일조량이 상대적으로 적고 기온의 연교차가 전북의 다른 지역에 비해

---

6   이 4개 면을 전통적으로 '운봉 4개면'이라고도 불려진다.

크다. 이 지형적·기후적 자연조건은 논농사노래/도작노동요稻作勞動謠에 있어서의 <논매는소리>가 발달하지 못하는 중요한 원인이 되기도 하였다.

노동요 분포 : 따라서, 이 지역은 민요의 종류로 보아 밭농사노래/전작노동요田作勞動謠와 논농사노래/도작노동요稻作勞動謠가 거의 대등한 비중으로 함께 나타나고 있다. 밭농사노래에서는 <밭매는소리>가 핵심을 이루며, 논농사노래에서는 <모심는소리>가 그 중심을 이룬다.

이 지역은 다른 지역에 비해 일조량이 적고 기온이 낮기 때문에, 논매기를 깊고 강하게 여러 차례 해 놓으면 벼 뿌리의 발근發根 발착發着이 늦어져서, 가을에 벼의 황숙黃熟이 제때 이루어지지 않아 벼가 제대로 익지 못하게 된다. 이러한 현상을 방지하기 위해서 이 지역에서는 전북 평야지역에서처럼 논매기를 여러 차례 할 수가 없다.

전북 '서부-평야 민요권'에서는 대체로 논매기를 세 번 정도 하고, 초벌논매기는 호미로 매기, 두벌논매기·세벌논매기도 손으로 매기를 하고, 이 중에 세벌논매기를 '**만두레**'라고 한다. 그런데, 이 전북 동북부-산간 민요권 지역에서는 대체로 논매기를 두 번 한다. 즉, 초벌논매기는 호미로 매기, 두벌논매기는 손으로 매기를 한다.

이렇게 이 지역에서는 논매기 노동이 서부-평야 민요권에 비해 상대적으로 간편하기 때문에, 이와 관련된 민요도 그만큼 발달하지 못하였으며, 그래서 이 지역에서는 <논매는소리>가 별로 발달하지 않아, <논매는소리>를 조사 채록하기가 매우 어렵다. 대신에 <모심는소리>는 상대적으로 매우 다양한 가사들이 풍부하게 발달하여 다양한 가사들이 채록되어 왔다.

밭농사노래는 주로 <밭매는소리>뿐이며, 논농사노래는 <모심는소리>가 중심을 이루면서, <논매는소리>도 가끔 나타나지만, 다른 논농사노래,

예컨대 〈나락베는소리〉·〈등짐소리〉·〈타작소리〉·〈방아찧는소리〉 등은 나타나지 않는다.

가창방식 : 이 지역 노동요의 주요 가창방식은 일정한 후렴 없이 노래를 서로 주고받아 나아가는 '**교환창**'이 중심을 이루고 있다. 그래서 〈밭매는소리〉나 〈모심는소리〉를 모두 동일한 곡조의 교환창 가창방식으로 부른다. 물론 〈상여소리〉·〈터다지는소리〉·〈목도질소리〉 등 일정한 후렴을 가진 '선후창'의 노동요들도 있기는 하지만, 이 지역 삶의 경제적 토대를 형성하기 위한 생산노동 현장을 전반적으로 지배해온 노래가 〈밭매는소리〉와 〈모심는소리〉이니, 이 지역의 지배적인 가창방식은 '교환창'이라고 해야 맞을 것이다.

이러한 가창방식은, 일정하게 계속 반복해서 부르는 '후렴後斂'이 없이 창자들이 다른 내용의 가사를 계속해서 서로 주고받아 불러 나가야만 하는 '교환창'이라는 가창 방식상의 제약조건 때문에, 자연스럽게 가사의 다양한 전개와 발달을 가져오게 하였다.

이런 가창방식의 조건은 다른 지역에 비해 다양한 노래 가사들의 전승력을 강하게 발휘해 왔다. 그래서 이 지역의 노동요에는 민중들의 심성과 삶의 세세한 굽이굽이를 노래한 다양한 가사들이 널리 산재하고 있으며, 곡조는 비교적 소박하고, 가사들은 매우 다양한 장점들을 가지고 있다.

가창자 : 가창자 면에서 보면, 이 지역의 노동요 중 〈밭매는소리〉는 주로 여성들에 의해서 불려지고, 〈모심는소리〉는 남성과 여성이 거의 같은 비중으로 부르고 있다는 점이 특징이다. 그만큼 이 지역의 문화는 노동 현장에서만큼은 다른 지역에 비해 여성과 남성이 서로 조화롭고 대등하게 참여하고 있음을 말해주며, 또 그만큼 이 노동현장 및 노동문화에 있어서의 여

성들의 높은 위상을 보여주는 것이 아닐까 한다.[7]

가사 : 가사 면에서 보면, 이 지역의 노동요/민요 가사가 전북의 다른 4개 민요권들에 비해 가장 다양하고 풍부한 발달 현상을 보이고 있어 주목된다.

이러한 현상의 가장 큰 원인은 이 지역 노동요의 주요 가창방식이 '교환창'이라는 점에 있다. 즉, 교환창이라는 가창방식은 일정하게 주기적으로 반복하는 후렴後斂이 없는 가창방식이기 때문에, 이 단점을 보완하기 위해서는 많은 다양한 가사들이 필요하기 때문이다. 만일, 노동요를 부를 때 일정한 후렴이 있다면 그 후렴을 부르는 동안만큼은 다른 새로운 가사들을 부르지 않아도 되는데, 이 후렴 부분이 아예 없는 교환창 가창방식에서는 반복적인 후렴이 없이 계속해서 새로운 가사들을 서로 잇대어 불러 나아가야만 한다. 교환창이라는 가창방식 자체가 후렴 없이 서로 다른 가사를 한 사람 혹은 한 편이 부르면, 그에 상응하는 가사를 다른 한 사람 혹은 상대편이 바로 잇대어 불러야 한다.

예컨대, 이 가창방식은 다음과 같이 부르는 방식이다.

안짝 : 방실방실 웃는 님을 못 다 보고 해 다 져요.
받짝 : 못 다 보고 해 다 지면 돋는 달로 다시 보세.

이 경우에, '안짝' 부분을 한 사람 혹은 한편이 부르면, 다른 한 사람 혹은

---

7 Alan Lomax(1968), *Folk song style and Culture*, Washington D.C.: American Assciation for the Advancement of Science, "Foreword" 참조. 이 책에서 로멕스는 어떤 지역 음악문화의 구조적 특성이 문화적 특성과 깊은 관련성을 가지고 있음을 관찰하고 있는데, 식량생산에 여성의 기여도가 높은 사회에서는 이중창 혹은 다중창이 불려지고, 여성 독창자가 담당할 고음파트가 있게 되지만, 여성의 그와 같은 기여도가 낮은 사회에서는 노래가 남성에 의해 일방적으로 지배된다는 점을 인류학적인 여러 증거를 들어 논증하고 있다.

한편이 '받짝'을 부르는 방식이다. 그 사이에 휴지休止 기간이나 후렴을 부르는 것이 전혀 없다. 따라서, 이러한 가창방식에서는 후렴이 있는 '선후창' 가창방식보다 훨씬 많은 가사를 필요로 하게 된다.

곡조 : 이 지역 민요의 가사는 매우 다양하게 발달한 반면, 곡조 면에서는 매우 단순·소박한 미분화 상태를 유지하고 있다. 곡조는 별로 분화·발달하지 못해서, 〈밭매는소리〉와 〈모심는소리〉를 모두 동일한 하나의 곡조로 부른다.

그만큼 노래의 기능 - 밭매는 기능, 모심는 기능 등 - 에 따른 곡조의 분화가 별로 일어나지 않고 있으며, 노래의 곡조도 매우 단순한 형태로 이루어져 있다. 그래서, 이 지역 민요는 전북지역 민요권 중에서 음역이 가장 좁고 음의 구성이 가장 단순하다.[8]

음색·창법 : 음색 및 창법 면에서 보면, 이 지역의 민요는 우리나라 동부 곧 함경도·강원도 동부·경상도 전역을 지배하는 '**메나리토리/메나리조**'가 지배하고 있다.

일반적으로 호남지역은 모두 '육자배기토리'가 지배하는 것으로도 생각하지만, 이 전북 동북부-산간 민요권의 토착민요는 백두대간을 따라 소백산맥을 거쳐 무주 덕유산과 지리산으로 이어지는 산맥 일대에까지 퍼져 내려온 '메나리토리'의 강한 영향권에 속하고 있다는 점을 주목할 필요가 있다.[9]

---

8   노복순(1995), 「전북민요의 음악적 특성」, 『한국민요대전』(전라북도민요 해설집), 서울: 문화방송, 30~35쪽.
9   이 '메나리토리'권의 전개와 지역적 분포의 문제는 한국의 민요권 구분뿐만 아니라 한국문화에 대한 전반적인 이해에도 매우 중요한 관점과 결실을 가져다줄 것으로 생각된다. '메나리토리권'은 백두대간을 따라 함경도·강원도·경상북도·경상남도·충청북도·충청남도·전라북도에 까지

이 지역의 토착민요는, 남도민요에서처럼 목을 누르고 꺾으며 깊은 뱃소리를 허스키보이스로 끌어올리거나, 서도민요에서처럼 많은 콧소리를 구사하거나, 경기민요에서처럼 맑고 청아한 목소리의 다양한 기교들을 부리지도 않는다. 주로 평목으로 비교적 좁은 음역音域을 사용하여 가느다랗고 길고 처량하게 늘여 빼는 식의 발성發聲, 곧 '메나리토리' 식의 발성을 한다.

반주악기 : 이 지역에서 〈밭매는소리〉·〈모심는소리〉와 같은 주요 노동요의 연행에 있어서 사용되는 반주악기는 따로 분명하게 나타나지 않는다. 전북-서부평야지역 등의 경우에는 〈모심는소리〉·〈논매는소리〉 등의 논일노래에 농악/풍물이 거의 필수적으로 수반되는 경우들을 많이 볼 수 있는데, 이 지역의 노동요에 반주악기가 필수적으로 수반되는 사례를 조사하기가 쉽지는 않다.

이 지역의 노동요는 그만큼 대단위의 집단적 두레노동의 성격이 미약하며, 비좁은 산간지역의 농토에서 소단위의 일꾼들이 서로 대등하고 긴밀한 상호관계를 가지고 호흡을 맞추어 일하고 노래하기 때문에, 노동요 또한 이런 노동적 성격에 부합되도록 전개되다 보니, 노동요들의 곡조나 가창방식도 이처럼 단순·소박하게 전개되어 온 것으로 보인다.

기타 : 이 지역 노동요의 중심 가창방식이 '교환창'이기 때문에, 이 교환창의 가창방식에 후렴이 없는 단점을 보완하기 위해, 가끔 노래가 한 소절 끝

전개되고 있는 것으로 확인되고 있기 때문이다. 이러한 현상을 토대로, '한국민요학회 제13차 연구발표회(1995. 6. 24, 연세대 인문관)'에서는, 한국민요(혹은 문화)가 '지리적으로 높은 지역에서 낮은 지역으로' 전파되는 것이 아닌가 하는 가설이 나승만교수(목포대)에 의해 필자에게 제기 되었으며, 필자는 이에 대해 '낮은 지역에서 높은 지역으로 전파되는 경우(호남지방의 '육자배기')'를 들어 이 문제를 보충한 바 있다. 아무튼, 이 문제는 한국민요의 민요권 구분 문제에 매우 중요한 논의의 포인트가 되며, 본 '금과 들소리' 연구에도 중요하 논의의 포인트가 되고 있다.

난 뒤에 '그렇지요'·'좋구나'·'이히히' 등의 **'샛소리'**[10] 혹은 '추임새'를 하기도 한다.

이 '이히히'라는 '샛소리'는 주로 무주군 지역, 특히 영남이나 충청도 지역에 가까운 지역에서 들을 수 있는데, 이 소리는 메나리토리권, 특히 영남지역의 〈어사용〉[11]에서 가장 두드러지게 나타나는 음악적 관용어인데, 이 전북 동북부-산간 민요권의 노동요에 미친 우리나라 북동부 메나리토리 민요의 지배적인 영향을 볼 수 있는 매우 흥미로운 자료이다.

(2) 동남부-산간분지 민요권 東南部 山間盆地 民謠圈

지역 및 생업비중 : 이 지역은 임실군, 남원시의 아영면·동면·산내면·운봉면을 제외한 전지역, 순창군을 포괄하는 지역으로, 지형상으로 앞에서 살펴본 있는 전북 동북부-산간지역보다는 지대가 낮고 전북 서부-평야지역보다는 높으며, 연평균기온과 기온의 연교차 및 일조량도 역시 그 중간적인 위치에 있다.

농토의 분포 면에서도 논이 밭보다 많은 상태 곧 논일/도작농업稻作農業이 주主가 되고 밭일/전작농업田作農業이 종從이 되는, '답주전종畓主田從' 형태를 보이고 있는 지역이다.

노동요 분포 : 이러다 보니, 노동요의 분포 또한 논일노래와 밭일노래가 주종관계를 이루는 '답주전종畓主田從' 형태의 노동요 분포의 특성을 보이고 있다.

---

10 여기서 '샛소리'란 노래의 중간 중간에 흥을 돋우기 위해 노래집단 구성원들이 즉흥적으로 부르는, 판소리의 '추임새'와 같은 짧은 소리를 말함.

11 '얼사영'·'어생이'라고도 함.

이 지역의 노동요는 종류상으로 보면 논일노래/도작노동요稻作勞動謠가 그 중심을 이루되, 동북부-산간지역의 밭일노래/전작노동요田作勞動謠도 일부 지역에서 상당한 정도로 나타나고 있어서, 전체적으로는 논일노래와 밭일노래가 주종관계를 이루는 형태의 노동요 분포 특성을 보이고 있다.

그런데, 이러한 현상은 앞서 기술한 전북 동북부-산간 민요권에 가까운 지역으로 갈수록 밭일노래 곧 〈밭매는소리〉가 더 강하게 나타나고, 이 동북부-산간 민요권에서 멀어지는 지역일수록 메나리토리 밭일노래의 비중이 점점 약화되는 현상을 보여준다는 점도 흥미로운 현상이다.

가창방식 : 이 지역 노동요는 가창방식 면에서 매우 특이한 현상을 보이고 있어서 주목된다. 즉, 전북의 다른 네 지역 민요권과는 달리 노동요의 가창방식이 선후창·교환창·제창齊唱 방식이 함께 나타나고 있으며, 특히 제창, 그 중에서도 어느 한 사람이 먼저 어떤 가사의 첫 부분을 내놓으면 나머지 사람들이 그 가사를 함께 제창하는 '선독입후제창先獨入後齊唱'방식이 특히 논일노래에서 자주 발견된다.

이러한 현상은 앞서 기술한 전북 북동부-산간 민요권 노동요의 가창방식이 주로 '교환창' 중심으로 형성되어 있는 현상과 매우 대조적인 현상을 보이는 것이며, 또한 '선후창'의 가창방식이 중심이 되어 있는 전북 서부-평야 민요권의 가창방식과도 큰 대조적 현상을 보이고 있어 흥미롭다.

가창자 : 앞서 언급한 바와 같이, 이 지역이 논일이 주가 되고 밭일이 종이 되는, 이른바 '답주전종畓主田從' 형태의 농업 형태를 이루다보니, 노동요도 논일노래가 주主가 되고 밭일노래가 종從이 되는 '답주전종畓主田從' 형태를 보인다. 그에 따라 그 노동요를 부르는 가창자들도 남성이 주主가 되고 여성이 종從이 되는 현상을 보이고 있다.

왜냐하면, 이 지역에서 논일은 주로 남성이 담당하고, 밭일은 여성이 담당하는데, 밭일보다 논일의 비중이 더 높기 때문이다.

가사 : 가사 면에서는 동북부-산간 민요권과 가까운 지역일수록 노동요 가사의 다양한 전개를 볼 수 있고, 그 지역에서 멀리 벗어난 지역일수록 노동요 가사의 다양성이 희박해진다.

이러한 현상은 동북부-산간 민요권에서 지배적인 가창방식인 '교환창' 민요의 영향력이 강한 지역 곧 이 동북부-산간 민요권에 가까운 지역일수록 가사의 다양한 발달 현상으로 나타난다. 동북부-산간 민요권의 지배적 가창방식인 교환창이라는 가창방식 자체가 앞서 언급한 바와 같이 가사 발달을 강력하게 촉진하기 때문이다.

그리고 이 동북부-산간 민요권에서 멀어지는 지역일수록 노동요 가사의 발달보다는 노래 곡조의 다양한 발달을 보게 되며, 이러한 곡조의 발달 현상은 주로 논일노래에서 볼 수가 있고, 곡조의 가장 다양한 발달 현상은 이 민요권 중에서는 순창지역에서 가장 다양하게 나타난다고 할 수 있다.

곡조 : 곡조 면에서 보면, 교환창의 가창방식이 지배하는 동북부-산간 민요권보다는 훨씬 다양하고, 서북·서남부 평야민요권과 유사한 정도의 곡조의 다양한 발달을 보여주고 있다. 특히 이러한 현상은 순창지역 및 이 지역과 가까운 지역에서 나타나고 있다.

그러나 곡조 면에서 볼 때, 전북 서북부-평야 민요권에서 발견되는 〈벼베는소리〉·〈등짐소리〉 등은 이 지역에서는 발견되지 않는다.

하지만 곡조의 이와 같은 특성과 다양성은 이 지역 '소리꾼들'의 창조적 욕구를 자극하여, 이 지역에서도 많은 판소리 광대들이 나오게 되었고, 이른바 '**동편제**' 판소리의 본거지를 이루게도 되었다.[12]

음색 · 창법 : 음색 및 창법 면에서도 전북 동북부-산간 민요권에 가까운 지역으로 갈수록 '메나리토리'가 큰 비중을 차지하고 있으며, 그 민요권에서 멀어질수록 '육자배기토리'가 지배하고 있다.

즉, 남원의 '운봉 4개면' 곧 운봉면 · 아영면 · 동면 · 산내면 및 이백면 · 산동면 · 보절면에 이르기까지의 지역에서는 전북 동북부-산간 민요권의 접경지역이라서 '메나리토리' 교환창 노동요의 영향력이 매우 강하게 미치고 있다. 그 아래 남쪽 전남지역과 가까워지는 지역일수록 '육자배기토리'가 더 강한 영향력을 미치고 있다.

이러한 지역의 음색 · 창법 면에서의 특성은 이 지역의 민요를 판소리 중에서 '동편제'적인 음색 · 창법, 즉 가성을 잘 쓰지 않고 목을 바짝 긴장시켜서 통성으로 거세게 고음으로 내지르는 식의 음색 · 창법이 강하게 나타나도록 하고 있다. 이러한 음색 · 창법은 이 지역을 우리나라 '동편제' 판소리의 중심 지역으로 전개되도록 하는 중요한 음악적 토대가 되었고, 이 지역의 노동요가 전북의 어느 다른 지역의 민요보다도 폭넓은 음역을 사용하는 중요한 특징을 이룩하게 하였다.[13]

반주악기 : 반주악기로는 논농사노래들을 부를 때, 특히 논매기 노동을 하면서 〈논매는소리〉를 할 때 거의 필수적으로 풍물반주가 따르게 된다. 특히 논에서 논일을 마치고 마을로 돌아올 때 부르는 '장원질소리'에서는 매우 흥겨운 풍물 반주가 반드시 따른다.

---

12 전북의 소리꾼/판소리 광대는 주로 서북 · 서남부-평야 민요권과 이 동남부-산간분지 민요권에서 나왔으며, '동북부-산간 민요권'에서는 거의 나오지 않았다. 이 점은 민요와 판소리의 관계를 살필 수 있는 하나의 중요한 단서로도 볼 수 있다.
13 강재욱(2023), 「순창 금과 들소리의 지역적 성격과 음악적 특성」, 『순창 금과 들소리의 민요문화적 의미와 무형문화유산적 가치』(김익두 · 허정주 외 지음), 서울: 민속원, 146~147쪽.

이 지역 장원질소리는 들판이 넓어지는 남쪽으로 내려갈수록 많이 나타나고, 풍물의 반주악기의 동원도 이러한 경향과 관련이 있을 것 같다.

풍물 반주는 '교환창' 보다는 '선후창'과 더 관련이 깊은 듯하며, 따라서 동북부-산간 민요권보다는 이 동남부-산간분지 민요권을 거쳐 서북·서남 평야민요권으로 내려갈수록 더 강화되는 경향이 있다.

(3) 서북부-평야 민요권西北部 平野 民謠圈

지역 및 생업비중 : 이 지역은 익산시·군산시·김제시·부안군까지를 포함하는 지역으로, 서남부-산간평야 민요권과 함께, 다른 전북 지역에 비해 전반적으로 지대가 낮아 넓은 평야를 형성하고 있으며, 비교적 기온이 높고 기온의 연교차가 다른 지역에 비해 적다.[14] 이러한 지형적·기후적 자연조건은 이 지역을 우리나라 최대의 벼농사 지역으로 만들었으며, 노동요 민요에서도 논일노래가 중심을 이루게 하였다.

노동요 분포 : 이 지역에 분포하는 민요 중 노동요의 종류상으로 보면 논일노래/도작노동요稻作勞動謠가 중심을 이루고 있다. 동북부-산간 민요권이나 동남부-산간분지 민요권과는 달리, 밭일노래/전작노동요田作勞動謠는 거의 찾아볼 수 없다. 있다고 하더라도 일정한 곡조가 없이 즉흥적으로 흥얼거리거나 다른 노래의 곡조에다 임의로 갖다 붙여 부르거나 하는, 극히 제한된 가사의 노래들이 약간 전승될 뿐이다.

가창방식 : 이 지역 노동요의 가창방식은 거의 모두가 일정한 후렴이 있는

---

14 이 서북부-평야 민요권에 속하는 전주의 1월 평균기온은 섭씨 -1.7인데 비하여, 동부산간지역에 속하는 무주는 1월 평균기온은 섭씨 -3.5도여서, 약 2도의 차이가 나고 있다.

'**선후창**'이 지배한다. 이 일정한 곡조의 후렴 부분은 대집단 두레노동의 집단적 신명을 불러일으키는 데 매우 효과적이며, 노래의 가사를 창조하는 능력이 없는 사람도 쉽게 노래의 가창에 참여할 수 있는 장점을 가지고 있다. 왜냐하면, 노래의 앞부분인 메기는소리 부분의 노래 가사를 부를 수 있는 능력이 없는 사람도 계속해서 주기적으로 반복되는 후렴 부분만 불러도 이 노래 공동체에 참여할 수가 있기 때문이다.

이러한 가창방식은, 자연 노래의 새로운 가사를 창조하여 노래 세계의 의미를 확장하고 갱신하는 사람(앞소리를 메기는 특정한 사람, '앞소리꾼')과, 노래의 세계에 참여하여 그 창조적 행위를 용인하고 선택하는 사람들(후렴을 받는 사람들, '뒷소리꾼들')의 '분화'를 가져오게 되었다.

이러한 분화는 결국 점차적으로 소리를 잘 메길 줄 아는 전문적인 소리꾼을 필요로 하게 되고, 그러다보니 이 지역에서는 전문적인 소리꾼들이 각 마을마다 한둘 이상씩 있어서, 그들이 그 마을의 논일노래의 앞소리나 상여소리 앞소리 혹은 집터를 다지는 앞소리와 같은 집단적인 노래들을 이끌어 주도해 가게 되었다.

이러한 사정은 마침내 이 지역에서 아주 전문적인 소리꾼인 판소리 광대가 출현하는 중요한 계기를 마련하기도 하였고, 실제로 대부분의 판소리 광대는 이 지역과 앞에서 논의한 또 하나의 '선후창' 노동요 중심 지역인 동남부-산간분지 민요권, 그리고 뒤에 논의하게 될 서남부-산간평야 민요권에서 주로 나왔던 것이다.

가창자 : 이 지역 노동요의 주요 가창자들은 거의 모두가 남성이라는 점이 특징이다. 왜냐하면, 이 지역은 주로 논농사가 중심이 되고 밭농사는 부수적인 지역이고, 그 논농사는 거의 이 지역 남성들이 수행하기 때문에 논농사노래도 남성들이 하게 되어 있기 때문이다.

이 지역의 논일노래가 노동요의 중심이고, 그것을 부르는 사람들이 모두 남성이라는 점은, 이 지역의 문화가 동부 산간지역에 비해 훨씬 남성-중심적일 가능성이 높으며,[15] 실제로 그러한 증거들은 문화 전반의 여러 측면에서 찾아볼 수 있다.[16]

선후창의 가창방식에 주로 의지하다 보니, 자연 가사는 앞소리꾼에 의해 '전문화'의 길을 가게 되어, 주로 전문적인 앞소리꾼에 의해 개인적으로 전승되는 길을 걷게 되었고, 그러다 보니 가사의 '집단적 전승력'이 교환창보다 약하게 되었다.

선후창으로 노동요를 부르게 되면, 가사를 만들고 앞소리를 메기는 사람은 한두 명만 따로 있으면 되고, 나머지 대다수의 일꾼들은 그저 동일한 후렴만을 기억하고 있다가 메기는 소리 뒤에 그 후렴만을 함께 부르면 그만이기 때문에, 일반 민중들은 노래를 만들 필요가 없고 좀 더 전문적인 소리꾼이게 그걸 맡기고서, 그들이 부르는 소리를 '후렴'에 의해 용인하고 비판하고 선택하면 되었다.

가사 : 이러한 지역적 특성, 곧 메기논소리와 받는소리/후렴의 분화가 이처럼 뚜렷해지고 다양해지는 지역적 현상에 따라, 다양한 가사의 중심이 되는 메기는소리의 담당은 그 노래 공동체 전체 구성원이 아니라, 소리 능력이 좀 더 탁월한 개인들이 맡아 담당하게 된다.

이에 따라, 다양한 가사 전승도 이런 각별한 개인들에 의해 주로 전승이 이루어지다 보니, 그런 탁월한 개인들이 마을에서 사라지게 되면, 그가 전

---

15 Alan Lomax(1968), op.cit., Foreword 및 본문 참조.
16 예컨대, 민요 자체 면에서 보더라도, 동북부-산간 민요권의 민요에서는 논일노래, 특히 <모심는소리>에 여성들이 참여하는 경우를 많이 볼 수 있는데 비해, 서북부-평야 민요권 및 서남부-산간평야 민요권에서는 여성들이 도작노동요에 참여하는 경우는 거의 찾아보기 어렵다.

승해오던 노래 가사들도 그에 따라 소멸하게 된다. 그렇기 때문에, 오래 남는 것은 앞소리꾼이 담당하던 다양한 가사가 아니라, 그 공동체 구성원 대다수가 담당하던 받는소리/후렴이다.

그래서, 이 지역 노동요를 조사해 보면 메기는소리 가사의 전승은 미약하고, 받는소리 곧 후렴들만이 분명하게 남아 있는 사례들을 자주 보게 된다. 이런 면에서, 이 지역 노동요에서는 다양한 메기는소리 가사들보다는 일정하게 정형화된 받는소리/후렴들을 채록하기가 더 용이하다.

곡조 : 반면에, 곡조 면에서는 매우 다양한 분화와 세련된 발달과 그 전승을 볼 수 있다. 노래의 가사 곧 메기는소리를 만들어 부르는 일은 전문적인 소리꾼에게 맡기고, 나머지 대다수의 사람들은 똑같은 후렴만을 평생 동안 천 번이고 만 번이고 부르다 보니, 이 지역의 노동요에서는 자연스럽게 후렴의 다양한 분화와 음악적인 세련미와 그것의 강한 전승력을 획득하게 되었다.

그래서, 이 지역의 노동요는 〈모심는소리〉의 후렴과 〈논매는소리〉의 후렴과 〈나락베는소리〉의 후렴 및 〈등짐소리〉·〈타작소리〉의 후렴 등등이 다 제각기 다르고, 또 그중의 어느 하나, 예컨대 같은 〈모심는소리〉라 하더라도 '느린소리'와 '빠른소리'의 분화가 있고, 〈논매는소리〉라 하더라도 '초벌매기소리'·'두벌매기소리'·'만두레소리' 등등, 그 기능에 따른 다양한 곡조의 분화를 보이고 있다.

또한, 같은 곡조의 후렴을 온종일, 넓게는 평생 부르고 살다보니, 그 곡조상의 세련미 또한 매우 상승되어 있어서, 처음 듣는 사람은 노래에 소질이 있는 사람이라 하더라도 쉽게 익히기 어려운 것들도 많다.

이러한 후렴상의 다양한 곡조적 분화와 세련과 조탁彫琢은 '메기는소리/앞소리'에도 영향을 미쳐서, 앞소리꾼의 가창 역량의 심화·확대·세련에 박차를 가하게 하였다. 그에 따라 그들은 더욱 전문적인 소리꾼의 길을 가지 않고는 못 배겨났던 것이다. 이러한 경향은 바로 이 지역에서 많은 판소리 광대들이 나왔다는 사실과도 매우 밀접한 관련이 있을 것으로 생각된다.

음색·창법 : 음색 및 창법 면에서 볼 때, 우리는 다른 권역과 다른 이 지역 특유의 성격을 발견할 수 있다. 그것은 '메나리토리/메나리조'와 '육자배기토리/육자배기조'의 혼효현상이다.[17]

전체적으로는 '육자배기토리'가 지배하면서도 일부 노동요에서는 매우 강한 메나리토리도 발견되는데, 그 대표적인 노래가 바로 〈산야/산유화〉라고 불려지는 노래이다. 이 노래는 만두레 때 혹은 늦여름 혹은 초가을에 산이나 들에서 풀을 벨 때 부른다고 한다. 어떤 곳에서는 〈만물산야〉와 〈벼베는산야〉로 분화되어 있는 곳도 있다.[18]

이 독특한 노래는 충남 남서부 쪽으로부터 기미가 보이기 시작하여, 그곳과 인접한 익산시·군산시를 거쳐, 김제시를 지나, 부안군에까지 전파되어 있으며, 그 중심지는 익산지역으로 보인다.[19]

이 독특한 '산유화조' 민요는 우리가 들을 수 있는 전북의 소리, 나아가 전국의 민요 소리들 중에 가장 애연처절하며, 이러한 소리는 남도 육자배토리와 동북부 메나리토리가 만나 거세게 소용돌이를 치면서 이루어진 소리

---

17 얼마 전까지만 하더라도 저자는 이 점을 제대로 간파하지 못하고 있었다. 그러다가 1995년 1월 26일 문화방송에서 주재하는 『한국민요대전』(전라북도 편) 출판기념 학술발표회(서울 진로유통쎈타) 발표에서의 이보형 선생님의 발표를 듣고 이 점을 새로이 파악하게 되었다.
18 대표적인 예로, 익산시 삼기면 오룡리 검지마을의 논일노래의 경우를 들 수 있다.
19 이보형 선생님은 '산야/산유화'가 '무주'의 '나제통문'을 거쳐 장수군·진안군·완주군 등지를 거쳐 서부 평야지역으로 내려왔다 하나, 장수군·진안군·완주군 지역에서는 그러한 노래의 흔적을 찾을 수 없어, 이러한 주장에 무리가 있는 듯하다. 그러나 충남지역으로부터 전북의 익산시·군산시·김제시·부안읍까지 이어지는 지역에서는 이러한 노래의 연계적인 흔적을 분명히 찾을 수 있다. 그 대표적인 예로, 익산시 삼기면 오룡리 검지마을(박갑근), 김제시 만경면 대동리(유판선)의 산야/산유화를 들 수 있다.

로 판단되고, 이 독특한 소리를 우리는 '**산유화토리**'라고 부르고자 한다.

이 소리가 이루어진 중심지역인 금강 하류 웅포에서 태어난 판소리 '가왕' 송흥록이[20] 판소리사 최초로 진계면의 구슬픈 '진양조'창조를 창조해내었다는 것도, 아마 이 지역에서 이루어진 이 '산유화토리'의 지대한 영향을 받은 것으로 보인다. 이 지역의 이러한 음악적 어법에 대해서는 앞으로 해당 전문가들의 좀 더 치밀한 연구가 있어야 될 줄로 안다.

반주악기 : 반주악기 면에서 보면, 악기를 많이 사용하는 점이 주목된다. 반주악기는 풍물/농악으로 하는 경우가 대부분이다. 이 논농사 지역에서 〈모심논소리〉를 부를 때 치는 풍물을 '모방고'라 부르고, 두레노동 형태로 〈논매는소리〉를 할 때 치는 풍물을 '두레풍장'이라 부른다.

요즈음에 와서는 그러한 현장을 볼 수 없게 되었지만, 두레패가 두레노동을 할 때에는 대체로 다음과 같은 순서를 따른다. 먼저, 두레노동을 할 구성원들이 모여서 '두레모둠'을 한 다음, 마을 앞 '기확' - 마을의 '큰기'를 세워둘 때 쓰는 돌로 절구처럼 파서 만든 기꽂이 - 에다 마을기를 세워 놓는다. 두레하는 날 아침이 되면, 마을의 풍물패가 마을 광장에 모여 굿을 어루어 가지고 두레패를 이끌고 마을 당산으로 가서 당산굿을 치고, 논으로 나아가 마을기/영기를 근처에 꽂아둔다. 풍물패가 논의 앞쪽에서 두레굿 가락 중에서 '들풍장' 가락을 치면 두레패 일꾼들이 논으로 들어서고, 풍물패가 '두레풍장' 가락을 치면 두레꾼들이 그 가락에 맞추어 〈논매는소리〉를 하면서 논을 맨다. 들어선 논배미의 논매기를 다 마치고, 풍물패가 '재넘이 풍장' 가락을 내어치면, 두레꾼들이 그 가락을 따라 논에서 나와 논매기를

---

20 송흥록의 고향이 전북 익산 웅포라는 사실은 다음 연구에 의해 소상하게 밝혀졌다. 허정주(2012), 「흥록 생애사의 종합적 고찰」, 『판소리연구』 제33집, 판소리학회, 385~427쪽.

할 다른 논으로 이동한다. 논매기가 다 끝나면, 풍물패가 '날풍장' 가락을 내어치고, 두레패는 이 가락에 따라 논일을 모두 마치고 논에서 나온다. 두레꾼들이 논에서 모두 나오면 풍물패가 굿가락을 '길굿' 가락으로 바꾸어, 다시 세워두었던 마을기/영기를 앞세우고 '장원질소리'를 흥겹게 부르면서 마을로 돌아온다.[21]

(4) 서남부-산간평야 민요권 西南部山間平野民謠圈

지역 및 생업비중 : 이 지역은 정읍시 · 고창군 지역을 포괄한다. 자연-인문 환경 면에서는 대체로 앞에서 논의한 서북부-평야 민요권과 거의 유사하나, 위도상으로는 좀 더 남쪽으로 내려가 있다.

그러나 이 지역이 노령산맥의 서북사면에 전개되어 있어서 서북부-평야 민요권보다는 산과 구릉이 더 많으며, 전남의 서북부와 연결되어 있는 지역이다. 역시 논일/도작노동이 중심을 이룬다.

노동요 분포 : 노동요의 종류도 역시 논일노래/도작노동요가 중심을 이루고 있고, 곡조가 분명한 밭일노래/전작노동요가 별로 분명하게 나타나지 않는다. 이러한 원인 중의 하나는 전북 북동부-산간 민요권에서 전파되어 내려온 메나리토리 〈밭매는소리〉가 백두대간 호남정맥에 막혀서 이 지역에까지는 그 영향력을 미치지 못하기 때문인 것으로 판단된다.

가창방식 : 가창방식 면에서 보면, 앞의 서북부-평야 민요권과 같이 '선후창'이 지배한다. 그러나 이 지역의 노동요 조사 결과로는 노령산맥의 영향

21　전주시 평화동 중평마을 김옥금(74) · 송재옥(52)의 구술(1986. 1. 8.조사).

인지 논일노래의 분화가 앞의 서북부-평야 민요권보다는 덜한 것 같다. 그러나 이 지역의 고창 서해 바닷가 지역 논농사노래에서는 어업노동요와 논농사노래가 공존하는 현상이 나타나고 있어서 흥미롭다. 그 대표적인 지역의 논일노래는 고창군 해리면 사반리 미산 마을의 노동요이다.

가창자 : 가창자 면에서도 서북부-평야 민요권의 경우와 거의 유사하게, 이 지역 노동요의 중심을 이루는 논일노래에 남성들만이 참여하며, 이들이 이 지역 노동요를 주도해 나아간다.

가사 : 이 지역의 노동요 가사들도 앞서 기술한 서북부-평야 민요권의 노동요와 유사하게 메기는소리와 받는소리/후렴의 분화가 뚜렷하고, 다양한 가사 전개의 중심이 되는 메기는소리의 담당은 그 노래 공동체 전체 구성원이 아니라, 소리 능력이 좀 더 탁월한 개인들이 맡아 담당하게 됨에 따라, 이들에 의해서 다양한 가사들이 전개되고 전승되어 왔다.

그러나, 이들이 농법의 변화와 주요 앞소리 가창자들이 사망하게 됨에 따라, 다양한 가사들도 그들과 더불어 사라지게 되고, 그 노래 공동체 구성원들이 공동으로 반복해서 부르던 후렴들만이 전승되는 경우가 빈번하다.

곡조 : 이 지역 노동요의 곡조도 앞의 서북부-평야 민요권과 같이 기능에 따른 분화가 많다 많은 편이나, 서북부-평야 민요권보다는 덜 한 것으로 조사된다. 이 지역의 노동요 조사에서 특이한 현상 중의 하나로, 이 지역 논일노래에도 서도소리에서 발원된 것으로 보이는 〈배꽃타령〉이란 노래가 전파되어 있는 사실을 확인할 수가 있다는 점이 흥미롭다. 그곳은 정읍시 태인면 태흥리이다.[22]

음색 · 창법 : 이 지역의 노동요가 서북부-평야 민요권과 확연히 다른 점은, 음색 · 창법 면에서 잘 나타난다. 즉, 이 지역에서는 '메나리토리'가 거의 완전히 사라지고, 필자가 가끔 강조하는 메나리토리와 육자배기토리가 만나 독특한 변이를 일으킨 '산유화토리'도 사라지면서, 남쪽지역에서 올라오는 '육자배기토리'가 전체적인 주조를 형성하는 것으로 나타나고 있다.

이러한 현상은 이 지역이 전남 서북부 지역과 경계지역이라는 점에 크게 기인하고 있으며, 이 지역 서남쪽인 고창지역은 문화적으로도 전남지역 문화권과 매우 긴밀한 영향관계를 맺고 있다. 따라서, 이 지역 민요의 연구는 전남 서북부 지역과의 연계 속에서 함께 종합적으로 조사 · 연구될 필요가 있다.

반주악기 : 이 지역에서도 두레 노동이 앞의 서북부-평야 민요권 못지않게 번성했던 지역이기 때문에, 이러한 논일 노동에 결부되는 논일노래에도 자연스럽게 반주악기로 '두레풍장'이 따르게 되어 있었으며, 이와 관련된 사실은 앞의 서북부-평야 민요권과 유사하다.

(5) 서해-해안도서 민요권西海 海岸島嶼 謠圈圈

지역 및 생업비중 : 이 지역은 위도 · 식도 · 왕등도 · 비안도 · 무녀도 · 선유도 · 신시도 · 관리도 · 야미도 · 횡경도 · 방축도 · 명도 · 말도 · 비응도 · 개야도 · 어청도 등의 도서지방과 전북 서해안지역을 포괄하는 지역이다.

해안지역에서는 어업뿐만 아니라 농업도 성행하고 있어서, 이 지역은 어

---

22 김익두 외(1995), 『한국민요대전』(전라북도민요 해설집), 서울: 문화방송, 454~456쪽.

업과 농업이 공존하는 지역이라는 생업상의 특성을 보이는 지역이다.

노동요 분포 : 앞서 기술한 바와 같이, 이 지역은 해안지역과 섬지역을 포괄하는 지역으로, 섬지역에서는 어업을 주요 생업으로 하지만, 해안지역에서는 논농사도 성행하고 있어서, 해안지역 농촌에는 논일노래/도작노동요와 뱃일노래/어업노동요가 한 마을에 공존하는 현상을 보이는 경우도 있어서 흥미롭다.

예컨대, 고창군 해리면 사반리 미산 마을에는 논일노래와 뱃일노래가 아주 분명한 곡조로 공존하고 있다. 이 마을에는 논일노래로 〈모심는소리〉로 '상사소리', 〈논매는소리〉로 '긴소리'·'잘룬소리', '몰아주는소리' 등이 분화되어 전승되어 왔고, 뱃일노래로 〈그물당기는소리〉로 '어기야하소리'·'술배소리' 등이 전승되어 왔음을 확인할 수 있다.[23]

다른 지역에 비해 풍랑과 해일 등 자연재해가 크고 산업의 자연 의존도가 높으며, 섬지역에서는 교통상의 제약과 고립성이 커서, 여러 가지 민속적인 풍속들이 다른 지역보다 강하게 살아 있다. 그러나, 최근에 들어서 어장이 황폐화되어 가고 점차 양식어업이 큰 비중을 차지해가면서, 민속과 전통문화상에 급속한 변화가 일어나고 있다.

크게 볼 때, 이 지역의 노동요에서는 뱃일노래/어업노동요漁業勞動謠가 중심을 이루며, 이러한 노동요들은 제의요祭儀謠/축제요祝祭謠·놀이요와도 밀접하게 관련되는 양상도 보여주고 있다. 예컨대, 부안군 위도면 대리 마을의 민요를 보면, 같은 노래를 고기잡이의 노동요로도 부르고, 매년 음력 정월 초사흗날 열리는 풍어제豊漁祭의 제의요로도 불려지며,[24] 정월 대

---

23 김익두 외(1995), 『한국민요대전』(전라북도민요 해설집), 서울: 문화방송, 535~551쪽.
24 무당이 풍어제인 '원당제'굿을 할 때 부르는 굿사설 속에도 이 노래들이 들어있다.

보름 축제 때에는 놀이요로도 부르는 것을 볼 수 있다.

가창방식 : 이 지역 노동요의 가창방식도 역시 '선후창'으로 되어 있으며, 이 지역 어업노동요의 성격상 특히 후렴구에의 의존도가 매우 강력하다. 예를 들어, 〈그물당기는소리〉와 같은 것을 보면, 그 노동의 특성으로 인해 메기는 소리보다는 받는소리/후렴에의 의존도가 거의 절대적이다. 이런 점은 제약이 매우 심하고 정해진 짧은 시간 동안에 많은 노동을 집중적으로 해야만 하는 고된 어업노동을 배경으로 하고 있다는 점과도 밀접한 관련이 있다.

가창자 : 가창자들은 모두 남성이다. 남성들의 노동기간 동안에 여성들이 할 수 있는 중요한 일 중의 하나는 남성들이 무사히 집으로 돌아오기를 신에게 비는 일이며, 그들이 고된 노동을 마치고 만선으로 돌아올 때는 포구에 나가 대대적인 환영 '맞이굿'을 하기도 한다.[25]

가사 : 가사에서는 육지부 노동요와 달리 직접 어업노동에 관련된 것들이 많다. 농업노동요의 가사들은 노동 그 자체와는 직접적인 관련이 적은 애정·자연에 관한 것들이 주로 많으나, 이 지역 어업노동요의 가사들은 고기잡이 그 자체에 관한 가사들이 많다.

고기잡이는 밭일이나 논일과 같이 여유를 가지고 할 수 있는 일이 아니고, 위험 많은 바다 위에서 짧은 시간 동안에 많은 고기를 잡아내야만 제약 때문에, 이 고된 노동 속에서 '사랑'이 어떠니 혹은 '반달'이 어떠니 할 여유가 없기 때문이다.

---

[25] 이러한 사례는 현재 부안군 위도면 대리마을의 '띠뱃놀이/띠배굿'에서 살펴볼 수 있다.

애정에 관한 가사는 고기를 잡아가지고 돌아올 때, 특히 만선滿船의 기쁨을 안고 돌아올 때나 고기를 잡으러 바다로 나갈 때 여유롭게 부르는 노래인 <배치기소리>에서 볼 수 있다.[26]

곡조 : 곡조에서는 남성들의 강한 단결과 결속력을 도모하는 어업노동에 걸맞게[27] 매우 빠르고 단순하고 분명한 선법과 음의 배열로 이루어져 있다.

음색 · 창법 : 음색 및 창법 면에서는 '**섬토리**'라고 부를 만한, 매우 강렬하고 역동적이고 격정적인 음색과 창법을 구사하고 있다. 그래서, 이 지역의 노동요나 제의요는 엑스터시가 매우 강하다. 엑스터시가 강하다는 점은 이 지역의 노래가 원시종합예술적인 성격이 강함을 말해주는 것이다. 그만큼 노래의 본래적 힘, 주술적 능력이 살아 있는 시적인 언어라는 점을 암시하는 것이다.

반주악기 : 연행에 사용되는 반주악기로는 풍물/농악기가 수반된다. 그러나 장고는 잘 사용하지 않는 경향이 있는데, 그 이유는 장고에는 개가죽이 쓰이는 수가 있고, 그러면 고기를 잡는 신성한 일에 부정이 타게 되기 때문이라 한다. 그래서 풍물 중에서도 징 · 꽹과리 · 북이 주로 쓰이고 있다. 물론 마을에서 판을 벌이고 놀 때에는 그런 금기는 가리지 않는다.

---

26 대표적인 예로, 부안군 위도면 대리 마을의 <배치기소리>를 들 수 있다.
27 이 점에서 어업노동요는 고가잡이를 하는 배의 종류와도 매우 밀접한 관련을 맺고 있다. 여러 명의 일꾼들이 배 위에서 고된 단체노동을 해야만하는 '풍선배' 등에서 어업노동요는 많이 불려진다.

(6) 경계지역들 및 그에 따르는 문제들

이상의 다섯 지역으로 나눈 민요권 외에 이 다섯 지역들이 서로 인접하는 '경계지역'이 있는 바, 이런 지역에서는 매우 복잡한 전파·변이의 문제들이 발생하게 되는데, 이 문제에 관해서는 여기서 자세히 논의하지 않고, 이런 경계지역의 접변의 문제들을 볼 수 있는 몇 군데의 사례를 제시하는 것으로 그치고자 한다.

첫째, 동북부-산간 민요권·동남부-산간분지 민요권·서부-평야 민요권 사이의 접경지역 양상을 잘 보여주는 대표적인 사례로는 진안군 마령면 평지리 원평지 마을의 들소리가 있다.

이 마을의 노동요에 우리나라 동부 메나리토리 밭일노래가 분명하게 불려지고 있다는 점은 북동부-산간 민요권에 속하지만, 남동부-산간분지 민요권 및 서북·서남-평야 민요권 지역에서 두루 발견되는 다양하게 분화된 들소리가 이 지역에 분포한다는 사실은, 이 지역이 바로 이런 민요권들과의 경계지역임을 보여주는 것이다.

실제로, 이 지역의 민요를 분석한 논문을 보면, 이 지역의 농요에는 경상도 지역 음악어법인 메나리토리의 영향, 남도의 육자배기토리, 서울·경기 지역의 경토리, 심지어 유랑예인집단 사당패 소리의 영향도 나타나고 있다는 것이 분석되어 있다.[28]

실제로, 이 원평지 들소리를 분석해본 결과를 보면, 논매기 때에 부르는 〈양산도〉·〈방개타령〉은 경기민요의 경토리, 〈산아지타령〉·〈매화타령〉·〈에위싸오〉·〈섬마타령〉 등은 남도 육자배기토리로 부른다고 확

---

[28] 김혜정(2019), 「전북 진안군 마령면 민요의 음악적 특징과 지리적·장르적 접변 양상」, 『기전문화연구』40권 1호, 경인교육대학교 기전문화연구소, 103~123쪽.

인되고 있다.[29]

　동북부-산간 민요권과 동남부-산간분지 민요권 사이의 접변 양상을 잘 보여주는 지역의 노동요로는 남원군의 산동면·이백면·사매면 및 임실군 지사면의 노동요를 들 수 있는데, 이 지역에서는 동북부-산간 민요권의 메나리토리 교환창 〈밭매는소리〉·〈모심는소리〉가 동남부-산간분지 민요권의 선후창 〈논매는소리〉와 공존하는 현상을 볼 수 있다.

　동남부-산간분지 민요권과 전남-북동부 민요권 사이의 접변 양상을 잘 보여주는 지역은 순창군 금과면 지역이다. 이 지역의 금과 들소리를 보면, 전남에서 북으로 올라오는 육자배기토리, 동북부-산간민요권에서 내려온 메나리토리, 서울-경기 지역에서 내려온 경토리, 그리고 심지어 〈배꽃타령〉과 같은 서도소리 계통의 들소리도 나타나고 있다.

　둘째, 동북부-산간 민요권과 서북부-평야 민요권 사이의 접변지역으로는 완주군의 고산면·운주면 지역이 해당된다. 이 지역의 노동요에서는 동북부-산간 민요권의 메나리토리리 교환창 〈밭매는소리〉·교환창 〈모심는소리〉가 약화되면서, 서북부-평야민요권의 선후창 〈모심는소리/상사소리〉 및 〈논매는소리〉가 나타나기 시작한다.

　동남부-산간분지 민요권과 서남부-산간평야 민요권 사이의 경계·접변 양상을 명확하게 보여주는 곳은 찾아보기 어렵다. 지역상으로는 대체로 임실군 관촌면·신덕면·운암면을 경계로 하고 있다고 생각된다.

　이 두 지역 노동요 상에서의 접변 현상에서 가장 두드러지는 것은 동북부 메나리토리의 분명한 곡조로 된 교환창 〈밭매는소리〉·〈모심는소리〉가 사라지면서 육자배기토리 혹은 경토리 계통의 〈논매는소리〉가 나타나기

29　김혜정(2017), 「마령면 원평지 농요의 음악적 특징」, 『진안군 농요와 민요의 세계』, 진안군·호남사회연구회, 83~116쪽.

시작하는 특징을 보인다는 것이다.

실제로 이런 지역들은 백두대간의 호남정맥 혹은 노령산맥의 본줄기가 흘러가는 산간지역이기 때문에, 넓은 들이 거의 없고 산간지역이 대부분이어서, 이러한 문화접변에 따른 노동요의 변이 특히 들소리의 변이 현상을 파악할 수 있는 자료들이 잘 나오지 않는 경향이 있다.

셋째, 서북부-평야 민요권·서남부-산간평야 민요권과 서해-해안도서 민요권 사이의 경계지역은 전북 서해안 바닷가 지역에서 이루어지고 있다. 이 지역 노동요의 중요한 특징으로는 논일노래/도작노동요와 바닷일노래/어업노동요가 공존하는 현상을 볼 수 있다는 점이다.

예를 들어, 바닷가 마을인 고창군 해리면 사반리 미산·각동 마을의 노동요를 보면, <모심는소리>인 '상사소리', <논매는소리>인 '진소리'·'잘룬소리'·'몰아주는소리' 등의 논일노래와, <그물당기는소리>인 '어기야하'·'술배소리' 등의 바닷일노래가 같은 마을에 공존하고 있음을 볼 수 있다.

셋째, 이외에 전북민요 문화권과 다른 지역 문화권 사이의 경계지역, 예컨대 전남지역·충청지역·영남지역과의 경계지역에 관해서는 논의를 생략하기로 한다. 이런 좀더 폭넓은 문화권과의 경계지역 민요/노동요에 관해서는 이 지역 민요/노동요에 관한 본격적인 조사 연구가 전제되어야 한다. 이는 본 저술의 범위를 벗어나는 것이기에, 이에 관한 것은 여기서 생략하기로 하겠다.

지금까지, 간략히 살펴본 전북지역 민요의 다섯 권역별 설명이, 마치 전북민요는 그런 권역별 차이를 드러내는 노래들만 있거나 혹은 그런 노래들만이 가치가 있는 것이라는 오해를 불러일으키지는 않았으리라 생각한다. 어떤 민요 어떤 노래이든지, 그것이 어떤 사회에 상당한 기간에 걸쳐서 그 지속력을 유지하면서 살아 있는 노래는 어떤 식으로든 그 사회 내에서는 매우 중요한 의미를 가지고 있게 마련이며, 또 그런 점에서 진지한 탐구를 요하는 것이다.

그러나, 오늘날 가장 절실하게 우리에게 필요한 노래는, 이미 널리 알려져서 창조적인 힘을 상실한 노래나 다른 문화에서 수입해온 노래들이 아니라, 아직 빛을 보지 못하고 '종자'로 남아 있는 **토종 유전자**'로서의 가치가 있는 노래들이다. 그런 것들을 찾아 계승하는 작업은, 우리의 바람직한 노래문화를 이루어 나아가는 데 필수적인 토대를 마련하는 일이다.

이상에서, 전북민요의 전반적 성격과 지역적 특성을 살펴보았다. 전북민요의 지역적 특성을 구체적으로 고찰하기 위해 전북민요의 생성에 영향을 미친 자연-인문 환경상의 제약조건들을 검토하고, 생업노동 현장에서 형성된 노동요를 기준으로 하여 전북민요를 다섯 개의 민요권으로 나눈 다음, 그 민요권별 특성들을 다각도로 살펴보았다.

전북민요는 매우 오랜 역사와 전통을 가지고 오늘날의 문화 현장에까지 영향을 미쳐오고 있다. 전북민요의 특성을 한 마디로 말한다면 '다양성多樣性'과 '복합성複合性'이라고 할 수 있다. 전북민요는 종래의 피상적인 논의에서처럼 그저 '육배기조'라는 말로 개괄해버릴 수 있는 단순한 실체가 결코 아니다.

우리 민요에는 '향토적 다양성이 적다'고 한 저명한 민요학자의 지적[30]도 민요의 가사를 피상적으로만 보고 곡조나 가창방식이나 창법 및 음색 등 민요에 대해 좀 더 전반적으로 조사하고 검토하지 않은 데에서 나온 잘못된 판단임이 이상의 논의를 통해서도 어느 정도 드러났다.

---

30   고정옥(1949), 『조선민요연구』, 서울 : 수선사, 504~505쪽.

사물을 보는 우리의 눈은 항상 새로워야 하고 그러기 위해서 늘 거듭나려고 노력해야만 한다. 민요를 이해하는 우리의 눈도 늘 좀 더 새롭게 갈고 닦아야만 한다. 민요를 새로운 시각에서 새롭게 보려는 시도와 노력이 절실하다.[31] 전북민요를 새로운 눈으로 좀 더 깊이 있게 연구하는 신진 학자들이 앞으로 많이 나오기를 고대한다.

3. 전북민요의 민요권별 특성과 동남부-산간분지 민요권 민요의 특성

앞에서 민족음악학적인 관점에서 파악하여 기술한 전북민요의 민요권별 특성들을 여기서 하나의 종합적인 도표로 정리해 보면 다음과 같은 도표를 얻게 된다.

〈표 1〉 전북민요의 지역별 특징

지역 구분	동북부-산간 민요권	동남부-산간분지 민요권	서북부-평야 민요권	서남부-산간평야 민요권	서부-해안도서 민요권
세부 지역	무주군, 장수군, 진안군, 완주군의 운주면, 남원시의 아영면·동면·산내면·운봉면	임실군, 남원시의 아영면·동면·산내면·운봉면을 제외한 전지역, 순창군	익산시, 군산시, 완주군의 운주면을 제외한 전지역, 전주시, 김제시, 부안군	정읍시, 고창군	위도·식도·왕등도·비안도·신시도·무녀도·선유도·장자도·관리도·야미도·방축도·명도·말도·개야도·연도·어청도 및 군삼·김제·부안·고창 해안지역

---

[31] 민요를 보는 가장 참신한 안목을 우리는 임재해 교수의 「노래의 생명성과 민요 연구의 현장 확장」(『구비문학연구』, 한국구비문학회, 1994, 53~101쪽)이라는 논문에서도 발견할 수 있다. 이 논문은 민요를 생명과학의 입장에서도 보아야 함을 역설하고, 그러한 방법의 가능성을 이 논문을 통해서 제시했다.

구분					
생업 비중	밭농사와 논농사가 대략 1:1의 비율	밭농사보다 논농사 비중이 좀 더 높음	논농사 중심	논농사가 지배하나, 밭농사도 분포함.	어업이 주생업 해안가 농업겸함
노동요 종류	밭일노래와 논일노래가 1:1 비중	논일노래와 밭일노래가 주종관계	논일노래가 지배	논일노래가 지배	어업노동요 중심
가창 방식	교환창 중심	선후창·교환창·제창 방식이 모두 나타남	'선후창'이 지배	선후창이 지배	선후창이 지배
가창자	〈밭매는노래〉는 주로 여성, 〈모심는노래〉는 남성과 여성이 비등	주로 남성	주로 남성	주로 남성	주로 남성
주요 음악어법 및 기능별 분화	'메나리토리' 중심, 기능별 미분화	'남부경토리'·'육자배기토리'·메나리토리 등 다양, 벼베는소리·등짐소리·타작소리 등이 없음.	'육자배기토리'와 '메나리토리'의 혼효, 산유화토리 나타남, 벼베는소리·등짐소리·타작소리 등의 분화 있음.	'육자배기토리' 중심	'섬토리' 중심,

이상의 〈표 1〉에서 순창민요는 동남부-산간분지 민요권에 속해 있으며, 이 지역에 속해 있는 지역은 임실군 전 지역, 남원시의 아영면·동면·산내면·운봉면을 제외한 전 지역, 그리고 순창군 전 지역이다.

이 지역은 지형상으로 앞에서 살핀 바 있는 동북부-산간 민요권 보다는 지대가 낮고, 서북부-평야 민요권 및 서남부-산간평야 민요권보다는 높으며, 연평균기온과 기온의 연교차 및 일조량도 역시 그 중간적인 위치에 놓여 있다.

이 지역의 노동요 분포를 전반적으로 보면, 논일노래/답작노동요畓作勞動謠가 그 중심을 이룬다고 할 수 있지만, 동북부-산간 민요권에 가까운 지역일수록 동부 메나리토리의 교환창 밭일노래/전작노동요田作勞動謠인 〈밭매는소리〉의 전승이 활발하고, 이 동북부-산간 민요권에서 남서쪽으로 내려가 멀어질수록 다양한 토리가 개입되는 논일노래/도작노동요의 전승이 활발해지는 현상이 나타나고 있다.

이 후자의 사례로서 가장 대표적인 지역 중의 하나가 바로 이 책에 다루고 있는 순창군 금과면 지역의 노동요 들소리이다. 이 지역 노동요는 가창방식 면에서 매우 특이한 현상을 보이고 있어서 주목된다. 즉, 전북의 다른 네 지역 민요권과는 달리 노동요의 가창방식이 매우 다양하여, 선후창·교환창·제창齊唱 방식이 함께 나타나고 있다. 특히 제창, 그 중에서도 어느 한 사람이 먼저 어떤 가사의 첫 부분을 내놓으면 나머지 사람들이 그 가사를 함께 제창하는 '선독입후제창先獨入後齊唱'방식이 들소리 속에서 자주 발견된다.

가창자들은 논일노래의 경우 전북 서북-서남부 평야지역과 마찬가지로 모두가 남성들 중심으로 되어 있다.

가사 면에서는 다양한 가사의 전승이 비교적 다양하지 못하다. 메기는소리 가창자와 받는소리 가창자가 따로 분리되어 있고, 메기는소리 가창자만이 여러 가지 가사들을 기억하고 창안하고, 받는소리 가창자들은 일정하게 집단적으로 반복하는 후렴後斂 부분만을 부르면 되었기 때문이다. 주요 가사들의 전승은 메기는소리 가창자 중심으로 이루어져 왔고, 후렴은 이 노래 공동체에 참여해 온 모든 사람들이 함께 전승해 왔다.

그런데, 이 메기는소리가 일부 탁월한 가사의 전승-창안자에게 집중되다 보니, 그 개인들이 죽으면 그들이 보유했던 가사들이 일시에 사라지기 때문에, 그들이 담당하던 메기는소리의 전승이 급격히 미약해진 것으로 판단된다. 이에 비해 받는소리/후렴은 그 노래 공동체 구성원 모두가 집단적으로 기억하고 전승해 왔기 때문에, 그 전승이 상대적으로 가사보다 활발하고 오래 이어져 왔다고 할 수 있다. 이러다 보니, 이 지역의 노동요도 가사보다는 곡조 쪽이 더 다양하게 분화·발달해 있는 양상을 볼 수 있다.

곡조의 기능별 분화 면에서 보면, 동북부-산간 민요권보다는 매우 다양하며, 특히 논매는소리의 분화가 가장 다양하게 나타나고 있다는 점이 가장 큰 특징이다. 다만, 서북부-평야 민요권에서 나타나는 〈벼베는소리〉·〈등짐소리〉·〈타작소리〉 등은 이 지역에서는 발견되지 않는다.

곡조의 이와 같은 특성과 다양성은 이 지역 '소리꾼들'의 창조적 욕구를 자극하여, 이 지역에서도 많은 판소리 광대들이 나오게 되었고, 이른바 '**동편제**'의 본거지를 이루게도 하였다.[32]

음악어법 면에서는 메나리토리·남부경토리·육자배기토리 등이 종합적으로 나타나는 흥미로운 특징을 보이고, 심지어 서도소리 계통의 〈배꽃타령〉과 같은 서도토리와 관련된 자료도 보이고 있다. 이러한 다양한 음악어법의 전개 양상은 이 지역 민요의 이러한 특성에 대해 학자들의 많은 주목을 받게 하고 있다.

또한 반주악기로 도작노동요의 전체 과정을 수행할 때 풍물을 사용하는 경우를 많이 볼 수 있다. 특히 논에서 논일을 마치고 마을로 돌아올 때 부르는 '장원질소리'에서는 구성진 풍물 반주가 따르게 된다. 풍물 반주는 '교환창'보다는 '선후창'과 더 관련이 깊어서, 전북 동북부-산간 민요권보다는 이 동남부-산간분지 민요권을 거쳐 서북부-평야 민요권 및 서남부-산간평야 민요권 등으로 내려갈수록 더 강화되는 경향이 있다. 이는 평야지역으로 내려갈수록 강화되는 두레조직과 이에 의한 두레노동의 강화 현상과도 깊은 관련이 있을 것으로 보인다.

---

32   전북의 소리꾼/판소리 광대는 주로 서북부-평야 민요권, 서남부-산간평 야민요권과 이 동남부-산간분 지민요권에서 나왔으며, 동북부-산간 민요권에서는 거의 나오지 않았다. 이 점은 민요와 판소리의 관계를 살필 수 있는 하나의 중요한 단서가 될 수 있다.

4. 전북 동남부-산간분지 민요권 민요와 순창 들소리

1) 동남부-산간분지 민요권의 들소리 분포 양상

이 동남부-산간분지 민요권에 속하는 임실·남원·순창 들소리/논농사노래를 비교해 보기 위해, 우선 임실·남원·순창의 현재 파악해 볼 수 있는 가장 대표적인 들소리 분포 양상을 살펴보면 다음과 같다.

〈표 2〉 동남부-산간분지 민요권의 소지역별 들소리/논농사노래 전개 양상

민요 종류 \ 지역 구분	남원군 대강면 평촌리 평촌마을 들소리	임실 삼계면 두월리 뒷골마을 들소리	순창군 팔덕면 월곡리 내원/외월마을 들소리	순창군 유등면 건곡리 학촌마을 들소리	순창군 금과면 모정리 중모·외모·신모 마을 들소리
물품는소리	없음	있음	없음	없음	있음
모찌는소리	없음	없음	없음	없음	있음
모심는소리	상사소리	상사소리	상사소리	상사소리	상사소리
논매는소리	①이슬털이 ②그물가 ③싸호소리	①문열가/이슬털이 ②방아타령 ③연계타령 ④사랑가 ⑤싸호소리	①문열개 ②꺼끄럼염불 ③두목지기 ④방아타령 ⑤진사허소리 ⑥잘룬사허소리	①문열가 ②그물타령 ③꽃방타령 ④아래타령 ⑤흥글타령 ⑥성게타령 ⑦호요타령	①문열가 ②연꽃타령 ③담담서름타령 ④오호타령 ⑤방애타령 ⑥오헤소리 ⑦사호소리
장원질소리	장원질소리/소탄소리	경기산타령	두룸박깨는소리	①에야타령/장원질소리1, ②노향방초/장원질소리2	산아지타령
벼베는소리	없음	없음	없음	없음	없음
등짐소리	없음	없음	없음	없음	없음
타작소리	없음	없음	없음	없음	없음

이상에서 정리한 동남부-산간분지 민요권의 대표적인 들소리에 관한 정리 결과들을 분석해 보면 다음과 같다.

첫째, 노동 기능/종류에 따른 노동 기능별 노동요 종류를 보면, <물품는 소리>·<모심는소리>·<논매는소리>·<장원질소리> 등으로 분화되어 나타나고, 서북부-평야 민요권에서 나타나는 <벼베는소리>·<등짐소리>·<타작소리> 등은 나타나지 않는다. 이는 이 지역이 서북부-평야 민요권 보다는 평야의 발달이 이루어지지 않은, 산간지역의 성격이 강하기 때문인 것으로 판단된다.

둘째, <물품는소리>는 임실군·순창군에서만 조사되어 있고, 남원지역에서는 조사·보고되고 있지 않다.

셋째, <모찌는소리>는 순창군 금과면 들소리에만 나타나고 있다.

넷째, <모심는소리>는 5개 지역 모두에서 공히 나타나고 있으며, 이른바 '상사소리'라는 노래로 불리고 있다.

다섯째, <논매는소리>는 5개 지역 모두에서 나타나는데, 남원지역은 3가지, 임실지역은 5가지, 순창지역은 7가지로 분화되어 나타나고 있다. 그만큼 순창지역 <논매는소리>의 분화가 상대적으로 다양하게 나타난다고 할 수 있다.

여섯째, <장원질소리>는 5개 지역 모두에서 나타나고 있으며, 순창군 유등면 건곡리 학촌 마을 들소리에서는 2가지로 분화되어 나타나고 있어 흥미롭다.

일곱째, 5개 지역 모두 <벼베는소리>·<등짐소리>·<타작소리>는 나타나지 않는다.

2) 순창 들소리의 소지역별 전개 양상

그러면, 이번에는 순창군 지역으로 전승 범위를 좁혀서 살펴보면서, 어떤 지역적 분포 현상과 지역적인 차이들이 나타나는가를 살펴볼 차례이다. 순창군 지역 대표적인 들소리 전개 양상만을 다시 구체적으로 살펴보면 다음과 같다.[33]

〈표 3〉 순창군 지역 민요권의 소지역별 들소리/논일노래 전개 양상

지역구분 민요종류	순창군 팔덕면 월곡리 내원/외월마을 들소리	순창군 유등면 건곡리 학촌마을 들소리	순창군 금과면 매우리 매우· 밭매우·신매우 마을 중심 들소리[금과 들소리]
물품는소리	없음	없음	있음
모찌는소리	없음	없음	있음
모심는소리	상사소리	상사소리	상사소리
논매는소리	①문열개 ②꺼끄럼염불 ③두목지기 ④방아타령 ⑤진사허소리 ⑥잘룬사허소리	①문열가 ②그물타령 ③꽃방타령 ④아래타령 ⑤흥글타령 ⑥성게타령 ⑦호요타령	①문열가 ②연꽃타령 ③담담서름타령 ④오호타령 ⑤방애타령 ⑥오헤소리 ⑦사호소리
장원질소리	두룸박깨는소리	①에야타령/장원질소리1, ②노향방초/장원질소리2	산아지타령
벼베는소리	없음	없음	없음
등짐소리	없음	없음	없음
타작소리	없음	없음	없음

---

[33] 허정주(2017), 「전북민요의 지역적 특성과 무형문화재 지정문제: 전라북도 민요분야 무형문화재 지정을 위한 문제점 검토와 몇 가지 제언」, 『한국민요학』 49집, 249~278쪽 참조.

첫째, 〈물품는소리〉는 금과면 들소리에서만 나타나고 있다.

둘째, 〈모찌는소리〉도 금과면 들소리에서만 나타나고 있다.

셋째, 〈모심는소리〉는 3개 지역에 공히 모두 '상사소리'로 나타나고 있다.

넷째, 〈논매는소리〉는 3개 지역에 각기 6~7가지의 소리로 다양하게 분화되어 나타난다.

다섯째, 〈장원질소리〉는 3개 지역에 모두 나타나며, 유등면 건곡리 학촌 마을에서는 2가지로 분화되어 나타나고 있어 흥미롭다.

여섯째, 〈벼베는소리〉·〈등짐소리〉·〈타작소리〉는 3개 지역 모두 나타나지 않고 있다.

이상에 살펴본 바와 같이, 순창군 들소리/농요에서는 논매는소리의 매우 다양한 분화가 이루어지고 있음을 볼 수 있다.

이 순창 들소리/논일노래의 특징을 좀 더 자세히 살펴보기 위해서는, 이 순창지역 들소리들을 좀 더 자세히 구체적으로 살펴볼 필요가 있다.

(1) 팔덕면 월곡리 내월·외월 마을 들소리

이 마을 들소리는 〈물품는소리〉·〈모찌는 소리〉는 채록되지 않았으며, 〈모심는소리〉는 '상사소리'로 부르며, 논매기는 일 년에 세 벌 매는데, 초벌매기는 호미로, 두벌매기·세벌매기는 손으로 맨다.[34] 세 벌 매기는 '만두리'라 부른다. 〈논매는소리〉는 '문열개'→'꺼끄렁염불'→'두목지기'→'방야타령'→'진사허소리'→'잘룬사허소리' 순서로 부르고, 이 중에서 '사허

---

34 전북 서북부-평야 민요권 및 서남부-산간평야 민요권에서는 논매기를 대체로 3번 이상 하며, 초벌매기는 호미로, 두벌매기·세벌매기는 손으로 한다. 전북 동북부-산간 민요권에서는 논매기릴 2번 하는 곳이 많다. 그 이유는 이 지역이 서북부-평야 민요권 및 서남부-산간평야 민요권보다 해발고도 높고 일조양이 적기 때문에, 논매기를 많이 하고 호미로 벼 뿌리를 많이 깊이 잘라주면, 가을에 황숙이 늦어져 벼 수확에 문제가 생기기 때문이다.

소리'는 논매기를 마무리 짓는 소리이다.[35] 논매기를 다 마친 다음 마을로 돌아올 때 부르는 〈장원질소리〉는 '두름박깨는소리'라는 노래를 부른다. 〈벼베는소리〉·〈등짐소리〉·〈타작소리〉는 채록되지 않았다.

이 마을 들소리들을 좀 더 자세히 기술해 보면 다음과 같다.

① 모심는소리

상사소리 : 이 마을 〈모심는소리〉는 '상사소리'라는 노래로 부른다. 순창 지역 전체가 〈모심는소리〉는 이 '상사소리'로 되어 있다. 이 노래는 '앞소리 + 후렴' 형태로 이루어진 선후창 가창방식으로 되어 있어서, 후렴 없이 매기는 소리만 두 패가 주고받는 교환창 방식으로 〈모심는소리〉를 부르는 전북 북동부-산간 민요권과 이 남동부-산간분지 민요권을 구별하는 가장 중요한 변별점이 되고 있다.

② 논매는소리

논매는소리는 매우 다양하게 전개되고 있으며, 그 구체적인 양상은 다음과 같다.

문열개 : '문열개'란 논매기를 처음 시작하는 소리. '시작한다' 곧 '문을 연다'는 뜻으로 '문열가'라는 뜻이다. 아침 일찍 이슬도 마르기 전에 조반 밥도 먹지 않고 논으로 가서 논매기 일을 시작하면서 부르는 노래라는 뜻으로 지역에 따라서는 '이슬털이'라고도 한다.

한 사람이 첫소리를 내면 여러 사람들이 후렴 없이 그 소리를 따라 제창齊

35 　김익두 외(1995), 『한국민요대전』(전라북도민요 해설집), 서울: 문화방송, 216쪽.

唱으로 부르며, 두 패의 소리패가 서로 후렴 없이 메기는소리를 주고받는 두 패 '제창-교환창' 가창방식으로 부른다. 엄밀히 말하자면 한 사람이 먼저 소리를 내는 식이므로 제창 방식도 '선입후제창先入後齊唱'[36]의 가창방식으로 부르는 것이다. 이 마을의 경우에는 대략 30여 명이 두 패로 나누어 '선입후제창先入後齊唱'의 '제창-교환창' 가창방식으로 불렀다고 한다.[37]

꺼끄렁염불[38] : 문열가 다음에 부르는 소리로 초벌매기 · 두벌매기 · 세벌매기 중 어느 때나 부른다. 소리패가 두 패로 나뉘어 선후창 가창방식의 노래를 서로 주고받는 교환창 가창방식으로 부르는 형식이니, 선후창 가창방식과 교환창 가창방식이 융합된, 매우 복잡한 가창방식 곧 '선후창-교환창'이라는 **복합-가창방식**'이 되고 말았다. 이러한 가창방식은 순창지역 들소리에 나타나는 매우 독특한 가창방식 중의 하나이다.

음색은 육자배기토리가 지배하고 있다. 이 마을은 일찍이 동편제 명창 김세종[39]의 고향인데, 이런 영향인 것 같기도 하지만, 이 마을 가창자들은

---

36 먼저 한 사람이 어떤 노래 가사를 시작한[先入] 후에 그 노래 가사를 여러 사람이 따라서 제창 형식으로 부른다는 뜻으로 만들어진 용어임.
37 김익두 외(1995), 『한국민요대전』(전라북도민요 해설집), 서울: 문화방송, 216쪽.
38 제보자 권상규 옹(남, 1916생)의 제보에 의하면, '꺾은염불'이란 뜻이라고 함.
39 김세종(金世宗)은 전북 순창군 팔덕면 월곡리에서 태어나, 19세기에 활동한 전기 팔명창 중의 한 사람이다. 판소리 가왕 송흥록에게서도 소리를 배웠으며, 그에게 소리를 배우기 전에 이미 '집안 소리' 내력이 있는 세습예인 집안 사람이었다. 어려서부터 가문 소리로 동편제 판소리를 익혔으며, 고창의 신재효 문하에서 여러 해 동안 판소리에 관한 이론적인 지침을 받아, 실기와 이론을 잘 겸비한 명창으로 추앙을 받았다. 장자백 · 유성준 · 이동백 · 이선유 · 전도성 · 김찬업 · 허금파 등 당대의 제일 명창들이 다 그의 제자들이고, 전주대사습을 통해 명창으로 이름을 널리 알렸으며, 일설에는 최초의 여유 명창이자 신재효의 제자인 진채선이 대원군 시절 경회루 낙성연에 참여하기 위해 상경할 때 그가 동행했다고 한다. 1885년 9월 전라감영에서 잔치를 하고 지출 내역을 작성한 「연수전중용하기(宴需錢中用下記)」에는 이날치와 장자백에게 오십 냥, 김세종에게 백 냥의 행하(行下)를 지급했다는 기록이 남아있는 것으로 보아, 그의 당대 인가가 어떠했던가를 알 수 있다.[전경욱(2014), 『한국전통연희사전』, 서울: 민속원, '김세종' 항목 참고].

음색을 육자배기토리가 매우 강하게 느껴지는 방향으로 들소리를 부르는 경향이 있다.

가창자들의 말로는, 이 노래의 후렴구 "아이고 답답 설운지고"가 염불조라서 '꺼끄렁염불'이라는 이름으로 부른다고도 한다.[40] 이 노래와 비슷한 후렴은 전북 진안군 성수면 도통리 중평 마을의 〈밭매는소리〉의 후렴 "아이고 담담 설움이야/ 참아 설워서 내 못 살겄네", 전북 임실군 지사면 안하리의 밭매는소리 후렴 "아이고 담담 내 설움 제워서 내 못 살겄네.", 그리고 이곳 순창군 팔덕면 월곡리 논매는소리 '꺼끄렁염불'의 후렴 "아이고 답답 설운지고.", 순창군 순창읍 가남리 가잠 마을의 논매는소리 '오동동추야'의 후렴 "아이고 호호 담담 설움이야.", 그리고 전남 곡성군 삼기면 원등리 학동 마을의 논매는소리 '설움타령의'의 후렴 '아이고 답답 설움이야.' 등으로 이어져 나타나고 있다.

명확하지는 않지만, 이 일련의 후렴구들은 서로 어떠한 지역적인 상호 영향관계를 형성하고 있는 것으로 보이며, 이에 관한 연구도 흥미로운 과제이다.

두목지기 : 앞의 '꺼끄렁염불' 다음으로, 점심때가 되어갈 무렵에 부르는 〈논매는소리〉로, 역시 초벌매기·두벌매기·세벌매기 등 어느 때나 부른다. 역시 육자배기조의 선후창 가창방식 노래를 두 패가 교대로 부르는 가창방식 곧 '선후창-교환창'으로 부르는 독특한 가창방식의 노래이다. 그러니까, 이 노래도 앞의 '꺼끄렁염불'과 같이 선후창 가창방식과 교환창 가창방식이 융합된, 매우 융합적인 '선후창-교환창'이라는 **복합-가창방식** 형식

---

40 김익두 외(1995), 『한국민요대전』(전라북도도민요 해설집), 서울: 문화방송, 217쪽[1990년 12월 19일 순창군 팔덕면 월곡리 내월 마을 권상규(남, 1916생)·장귀주(남, 1918생) 제보].

을 취하고 있는 것이다.

　이러한 순창지역의 '복합-가창방식'은 우리가 우리 민요의 가창방식을 논의할 때에 특히 주목해야만 할 가창방식으로 보인다. 왜냐하면, 이러한 가창방식은 다른 지역에서 보기 드문 가창방식이기 때문이다.

　이러한 '복합-가창방식'은 아마도 전북지역 민요권 상으로 볼 때는, 교환창 중심의 동북부-산간 민요권 지역과 선후창 중심의 서북부·서남부-평야 민요권 지역, 그리고 육자배기토리 중심의 순창 남쪽 전남 동북부-민요권이 서로 부딪쳐 충돌하는 '접경지역'이 바로 이 동남부-산간분지 민요권, 특히 순창지역에서 일어나는 '접경-충돌 현상'이 아닌가 판단하고 있다.

　이런 면에서도, 이 순창지역의 고정민요 특히 들소리/농요는 학술적으로 우리나라 토착민요들 중에서 매우 독특한 위치를 차지하고 있다.

　음색은 육자배기토리가 강하며, 후렴의 '어라 이히 이히 이'를 두 번 반복하기 때문에 '두목지기' 또는 '두모꼬지'라 부른다고 가창자들은 말한다. '헌개로다' 혹은 '방개로다'라는 후렴은 전북지역 〈논매는소리〉에 두루 나타나는 '공통지표'이다. 순창군 적성면 지북리 지북 마을에서도 논맬 때 '두목꺾기/도모꼭지'를 불렀다고 하는데, 후렴은 '뒤요 뒤요'라고 하여 다르게 변이되고 있다. 서로 영향관계가 있는 듯하다. 장단은 역시 불규칙적인 박자를 취하고 있고, 구성음은 낮은음부터 'Sol, do, re, mi, fa, sol, ra, do'이며, do로 끝난다.

방아타령 : '두목지기' 다음에 부르는 소리로, 초벌매기·두벌매기·세벌매기 때에 두루 부르지만, 앞의 '꺼끄렁염불'이나 '두목지기'와 같이 '선후창-교환창'의 '복합-가창형식'의 가창방식으로 부르며, 음색은 역시 육자배기토리가 지배적이다.

　후렴 중에 '방아'·'방허'·'헌개' 등의 구절이 들어 있어서, 노래의 명칭을

'방아타령' 혹은 '방개타령' 등으로 불리운다. 이러한 명칭의 노래는 전라북도 서북부-평야 민요권 및 서남부-산간평야 민요권에 두루 나타나는 현상이므로, 이 들소리/농요도 그러한 서북부-평야 민요권 및 서남부-산간평야 민요권의 영향을 받은 것으로 판단된다.

진사호소리 : 논매기를 마무리 짓는 느린 소리로, 템포를 비교적 느리게 할 때 부른다. 육자배기토리가 지배적인 선후창 가창방식의 노래이다. 다른 지역에서는 후렴구에 따라 '싸호소리'라고도 부른다.

잘룬사호소리 : 논매기를 마무리 짓는 빠른 소리로, 템포를 비교적 빠르게 할 때 부른다. 역시 육자배기토리가 지배적인 선후창 가창방식의 노래이다.

③ 장원질소리

두룸박깨는소리[41] : 마지막 논매기 곧 '만두레'를 마치고 두레패 두레꾼들이 흥겨운 풍장을 울리며 마을로 돌아올 때 부르는, 이른바 '장원질소리'이다. 제보자들의 제보에 의하면, 마을에서 부유한 집 머슴에게 삿갓을 거꾸로 씌워 그를 소 등에 태운 다음, 다른 사람이 소의 코뚜레를 붙들고, 두레패의 풍물패가 장원질 질꼬내기 길굿가락을 울리고, 밀짚모자를 쓴 두래패 일꾼들이 황소 등을 두들기면서, 그 부잣집으로 행진해 가면서 부르는 들소리라 한다. 이 때에는, "황소 등이 흠뻑 젖는다"고 한다.[42]

가락은 2분박 4박자로, 구성음은 낮은음부터 Mi, La, do 3음 음계이며,

---

41 이 노래는 엄밀히 말하면 논 맬 때 부르는 소리는 아니지만, 그와 연계되어 있는 노래이기에 여기에 함께 넣어 다루었다.
42 김익두 외(1995), 앞의 책, 225쪽.

La로 끝난다.

(2) 유등면 건곡리 학촌 마을 들소리

이 마을 들소리/농요에서도 〈물품는소리〉·〈모찌는 소리〉는 채록되지 않았으며, 〈모심는소리〉는 '상사소리/로 부르고, 논매기는 일 년에 세 벌 매는데, 초벌매기는 호미로, 두벌매기·세벌매기는 손으로 맨다. 세 벌 매기는 '만두리'라 부른다. 〈논매는소리〉는 '문열가'→'그물타령'→'꽃방타령/꽃방아타령'→'아래타령'→'흘글타령'→'호요타령/사호요소리' 순서로 부르고, '호요타령/사호요소리'는 논매기를 마무리 짓는 소리이다.[43] 논매기를 다 마친 다음에는 흥겨운 장원질소리인 '에야타령'을 부르며 마을로 돌아오고, 마을로 돌아와서는 '노향방초'라는 흥겨운 노래를 부르면 논다. 〈벼베는소리〉·〈등짐소리〉·〈타작소리〉는 채록되지 않았다. 자세히 살펴보면 다음과 같다.

① 물품는소리

물품는소리 : 이 마을 민요조사 기록[44]에 의하면, 이 마을에 물품는소리가 있는 것으로 조사되어 있으나, 이 마을 제보자 최재복(남, 1936생) 옹은 이 마을에는 〈물품는소리〉가 없었다고 하는 것으로 보아, 이 조사 기록이 잘못된 것으로 보인다.

---

43 김익두 외(1995), 앞의 책, 235~249쪽.
44 전주향토문화연구소 편(2004), 『순창 구전민요집』, 순창: 순창군청, 139쪽.

② 모심는소리

상사소리 : 이 마을 <모심는소리>도 '상사소리'로 부른다. 순창지역 전체가 <모심는소리>는 상사소리로 부르고 있다. 이 지역 <모심는소리>는 '앞소리 + 후렴' 형태로 이루어진 선후창 가창방식으로 되어 있다. 이에 비해, 전북 동북부-산간 민요권의 <모심는소리>는 후렴 없이 메기는소리만을 서로 주고받는 교환창 가창방식으로 되어 있어, 이러한 <모심는소리>의 차이는 바로 전북 동북부-산간 민요권과 동남부-산간분지 민요권을 구별하는 가장 중요한 변별점이 되고 있다.

③ 논매는소리45

이 마을 <논매는소리>도 다음과 같이 매우 다양하게 전개되고 있다. 구체적으로 살펴보면 다음과 같다.

문열개/문열가 : 논매기를 시작하는 소리로, 아침에 논매기를 시작하여, '아침 새참'을 먹기 전까지 부른다고 한다. 그래서, 이 노래는 '아침 새참'을 가져오라는 신호라고도 한다.

육자배기토리에 가까운 음색으로, 일꾼들을 두 패로 나누어 한패씩 일정한 가사와 곡조를 제창齊唱 형식으로 한 번씩 번갈아 가며 불러서, 두 노래패가 노래를 서로 주고받는 두 패 '제창-교환창' 가창방식으로 부른다.

이런 면에서, 앞의 팔덕면 월곡리 '문열개/문열가'와 그 가창방식이 같다. 이 노래는 초벌매기·두벌매기·세벌매기 등 어느 때나 부를 수 있다. 일꾼들은 늘어선 순서대로 반반씩 두 패로 나뉘어 노래를 부른다.

---

45 이 마을 제보자 최재복(남, 1936생) 옹의 제보에 의하면, 이 마을 <논매는소리>는 '호요타령/장원질소리' 및 '에야타령'을 제외하고는, 모든 소리를 다 일꾼들을 두 패로 나누어서 불렀다고 한다.

그물타령 : 아침 새참을 먹고 다시 김을 매기 시작하는 노래이다. 이 '그물타령'은 순창군 순창읍 가잠리, 순창군 풍산면 대가리, 남원군 대강면 평촌리 등, 서로 가까이 인접한 지역에서 채록되고 있어서, 서로의 영향관계가 있을 것으로 보인다.

이 노래도 일꾼들을 좌우로 절반씩 나누어, 먼저 절반의 일꾼들이 한 절의 선후창을 부르고, 나머지 절반이 그에 이어서 한 절의 선후창을 부르는 가창방식, 즉 선후창 노래를 서로 한 절씩 주고받는 독특한 '선후창-교황창'의 '복합-가창방식'으로 이 들소리를 부른다.

꽃방타령/꽃방아타령[46] : 제보자들의 말에 의하면, 논을 맬 때 주인집에서 점심바구니를 이고 논으로 나올 때쯤 되어서, "점심 때가 다가오니 몸도 가볍고 흥이 나서" 부르는 노래라고 한다. 역시 두 패의 일꾼들이 한 절씩을 번갈아 가며 부르는 두 패 '선후창-교환창' 가창방식으로 부른다. 후렴구의 "어리씨고나 야야/ 저리씨고나 야야/ 저리나 존가 좋네 아하/ 엉저리싸 자리씨고"로 보아, 이른바 토속민요 서도소리 혹은 경기도소리 <배꽃타령> 계통의 노래가 전파되어 온 흥미로운 노래이다.

이 <배꽃타령>의 남쪽에로의 전파는, 전라북도의 경우 군산시 대야면 죽산리 탑동 마을, 정읍시 태인면 태성리, 임실군 지사면 안하리, 임실군 삼계면 두월리 뒷골, 순창군 순창읍 가남리, 순창군 유등면 건곡리 학촌 마을, 순창군 풍산면 대가리 대가 마을, 등에서 나타나고 있다.[47]

이 노래는 그 외에도 다른 지역에서는 전남 곡성군 옥과면 합강리, 전남

---

46   서도소리 혹은 경기도소리 <배꽃타령> 계통의 노래로서, 전북민요 중에서 가장 원거리의 전파·변이를 보여주는 민요이다.
47   김익두 외(1995), 앞의 책 참조.

화순군 능주면 천덕리, 전남 신안군 비금도, 전남 고흥군 금산면 어전리 연소 마을, 경남 남해군 남해읍 아산리 아산 마을 등에서도 그 전파 현상이 확인되는 매우 특이한 노래이다.[48]

이 노래가 어떻게 이렇게 멀리까지 전파된 것인가에 관해서는, 전북 군산시 대야면 죽산리 탑동 마을 고 고판덕(남, 1899생, 1982년 김익두 조사) 옹의 제보에 의하면, 황해도에서 전라도로 오고가던 '이마꾼들'[49]한테 이 노래를 배웠다는 제보를 들은 적이 있다.

그러나 이 노래는 그 계통은 같은 것이지만, 그 전파 지역에 따라 그 곡조나 기능까지도 그 지역에 맞도록 변이되어 나타나고, 전북지역의 경우는 모두 논농사노래의 기능을 하는 민요로 변이되어 정착되고 있다.

아래타령 : 점심을 먹고 긴 휴식을 취한 후에, 대략 오후 3시경부터 다시 논매기를 시작할 때 부르는 소리라고 한다. 역시 가창방식은 두 패가 선후창 한 절씩을 서로 주고받는 형식의 가창방식 곧 '선후창-교환창' 가창방식을 취하고 있다.

곡조 면에서는 앞서 살펴본 순창군 팔덕면 월곡리 외월·내월 마을의 '두목지기'와 비슷한 데가 있는 노래이다. 그 지역과의 전파-영향관계가 짐작되기도 한다.

흥글타령 : 가창자 제보자들의 말에 의하면, 오후 새참을 먹고 날이 기울어 '무더위도 숙어지니 흥이 나면서' 부르는 소리라 한다. 가창방식은 역시

---

48 손인애(2005), 「토속민요 배꽃타령계통 소리 연구」, 『한국민요학』 17집, 한국민요학회, 175쪽.
49 말을 한 지역에서 다른 지역으로 옮기는 사람들이라 하였음. 이러한 일을 하는 '이마꾼들'이라면, 이들이 민요의 전파에 미친 영향은 상당하였을 것으로 사료된다.

두 패가 한 절씩의 선후창을 교대로 주고받는 '선후창-교환창' 가창방식으로 부른다.

앞서 살펴본 바 있는 순창군 팔덕면 월곡리 외월·내월 마을의 논매는소리 '꺼그렁염불'의 후렴 "아이고 답답 설운지고"와 이 노래의 후렴이 비슷하여, 이 두 노래의 상호 영향관계를 짐작케 한다.

성게타령 : 제보자들의 말에 의하면, 호미로 논을 맬 때, "김을 다 매고 잠깐 쉬면서 술을 한 잔씩 마신 다음 모를 추어주면서 부르는 소리"라 한다. 즉, 호미로 논을 맨 다음, 호미를 허리춤에다 차고, 흙에 묻힌 모 포기들을 바르게 추어주면서 부르는 노래라 한다.[50]

역시 두 패로 나누인 노래패가 선후창으로 된 한 절씩을 서로 주고받으며 부르는 두 패 '선후창-교환창' 가창방식으로 부른다. 2분박 6박자로 구성음은 낮은음부터 Mi Fa La Si do이나, Fa와 Sol은 단 한 번 출현하므로, Mi Ra Si do re의 5음 음계라 할 수 있고, Mi로 끝이 난다.

호요타령/사호소리 : 오후새참을 먹은 뒤에, 논매기 작업이 거의 끝나갈 무렵에 "끝나간다"는 신호로 부르는 소리라 한다. 다른 지역의 '어휘싸오' 혹은 '싸호소리'와 같은 역할을 하는 소리이다. 역시 두 패가 한 절씩을 교대로 부르는 식의 '선후창-교환창' 가창방식의 노래이다.[51]

④ 장원질소리

에야타령[52] : 논매기 작업이 끝나고 부잣집 논 임자나 그 집 머슴을 소에

---

50   김익두 외(1995), 앞의 책, 245쪽.
51   앞의 책, 246쪽.

태우고 마을로 돌아오면서 홍겹게 부르는 소리, 곧 이 마을의 '장원질소리'이다.

이 노래의 가창방식은 앞에서 본 가창방식 곧 선후창으로 된 한 절의 단위를 두 패가 서로 주고받는 식으로 부르는 '선후창-교환창' 가창방식이 아니라, 앞소리패는 선후창으로 된 한 절[메김소리 + 후렴]을 부르고, 뒷소리패는 앞소리의 후렴구만을 부르는 '선후창-후렴' 가창방식을 취하고 있어서 주목된다. 즉, 이 노래는 '앞소리[메기는소리 + 받는소리/후렴] + 받는소리/후렴' 형태로 되어 있어서 일종의 **중층-복합** 형식의 가창방식으로 취하고 있는 매우 특이한 노래이다.

⑤ 놀자판소리53

노향방초 : 이 노래는 논매기 작업을 마치고 길굿 풍물 장단에 맞추어 〈장원질소리〉인 '에야타령'을 홍겹게 부르면서 마을로 돌아온 뒤에, 주인집에서 저녁을 먹은 다음, 이른바 '모주떨이[술독에 마지막 남은 술을 걸러서 마시는 놀이]'를 하면서 부르는, 이 마을 가창자들의 말에 의하면 '젤로 홍겨운' 노래이다. 임실군 자사면 안하리 〈배꽃타령〉, 정읍시 태인면 태성리 〈배꽃타령〉과 비슷한 기능을 담당하는 노래이다.

장단은 3분박 4박자, 구성음은 낮은음부터 Fa Sol La Si do re mi sol la do′ re′의 2옥타브로, 다른 노래들과는 달리 음역이 비교적 넓게 분포되어 있고, Sol로 끝이 난다.

가창방식은 앞의 노래들과 같이 두 패로 나누어 한 패가 선후창으로 된

---

52 이 노래 및 그 다음 노래는 엄밀히 말하면 '논매논소리'는 아니지만, 그와 연계되어 있는 노래이기에 여기에 함께 넣어 다루었다.
53 '장원질소리'와 그 기능이 다르기 때문에 구별하기 위해 필자가 임시로 붙인 명칭임.

한 절을 부르면 다른 패가 똑같은 구성으로 된 선후창 가창방식의 한 절을 부르는 두 패 '선후창-교환창' 가창방식으로 부른다.

이상에서 살펴본 바와 같이, 이 순창군 유등면 건곡리 학촌 마을의 들소리/농요들도 매우 독특한 가창방식으로 불려지는 것을 알 수가 있다.

(3) 금과면 매우리梅宇里 중심 금과 들소리

이 지역 들소리/농요는 어떤 특정 마을에서 전승되어온 것이 아니라, 금과면의 중심 뜰인 '대장뜰'을 중심으로 해서, 이 들판에서 농사를 짓는 주민들이 함께 불러 전승해온 들소리이기 때문에, 금과 전체의 들소리라는 뜻으로 '금과 들소리'라 부른다. 조사에 의하면 오늘날까지 전승되고 있는 금과 들소리의 전승 중심은 금과면 매우리 고 이정호 선생을 중심으로 이루어져 왔다.

이 들소리에서는 〈물품는소리〉·〈모찌는소리〉도 채록되었고, 〈모심는소리〉는 '상사소리'로 부르고, 논매기는 일 년에 세 번을 매는데, 초벌매기는 호미로, 두벌매기·세벌매기는 손으로 맨다. 세벌매기는 '만두리'라 부른다. 〈논매는소리〉는 '문열가'→'연꽃타령'→'담담설움타령'→'오호타령'→'방애타령'→'호헤이소리/긴소리'→'사호소리/잘룬소리' 순서로 부르고, '호헤이소리' 및 '사호소리'는 논매기를 마무리 짓는 소리이다.[54] 논매기를 마친 다음에는 흥겨운 〈장원질소리〉인 '산아지타령'을 부르며 마을로 돌아온다. 〈벼베는소리〉·〈등짐소리〉·〈타작소리〉는 채록되지 않았다.

이에 관해서 좀 더 자세히 기술하면 다음과 같다.[55]

---

54 김익두 외(1995), 『한국민요대전』(전라북도민요해설집), 서울: 문화방송, 235~249쪽.
55 김월덕(2004), 「순창군 금과면 모정리 들노래의 지역적 특성과 문화적 전개」, 『구비문학연구』 19호, 한국구비문학회, 317~346쪽.

① 물품는소리

물품는소리 : 옛날 수리시설이 미비하던 시절에, 못자리판을 만들기 위해, 두레로 두레질을 해서 방죽에 고인 물을 못자리판 만들 논배미로 퍼 올릴 때 혹은 언제든지 방죽의 물을 두레질을 통해서 논배미로 퍼 올리면서 부르던 노래이다.

어떤 기록에 의하면 '독창'으로 부른다고 되어 있는 곳도 있지만,[56] 이는 잘못된 기록이고, 이 노래의 가창방식이 한 사람이 소리를 메기고 한 사람이 그 소리에 받는소리/후렴으로 받아 나아가는 선후창 방식이기 때문에, 이는 두레질을 하는 두 사람 중 한 사람이 앞소리를 메기고, 나머지 한 사람이 그 소리를 후렴後斂으로 받는 선후창 노래이다.

② 모찌는소리

모찌는소리 : 전북 동북부-산간 민요권에서는 〈모찌는소리〉도 후렴 없이 '메기는소리'만 한 사람씩 교대로 혹은 일꾼을 두 패로 나누어 한 패가 한 소절씩 교대로 주고받는 메나리토리의 교환창 가창방식으로 부른다. 그 곡조 또한 〈모찌는소리〉·〈모심논소리〉·〈밭매는소리〉가 동일하지만, 동남부-산간분지 민요권에 해당하는 이 지역의 〈모찌는소리〉는 육자배기토리의 후렴이 있는 '선후창' 가창방식으로 부르고, 이 노래의 메기는소리는 독창獨唱, 받는소리/후렴은 제창齊唱으로 부른다.

③ 모심는소리

상사소리 : 이 마을 모심는소리도 순창의 다른 지역과 마찬가지로 '상사소

---

56 금과들소리보존회 편(2005), 『순창의 민요』, 금과들소리보존회, 43쪽.

리'로 부른다. 순창지역 전체가 이 〈모심는소리〉는 '상사소리'로 되어 있다. '앞소리 + 후렴' 형태로 이루어진 선후창 가창방식으로 되어 있어서, 후렴 없이 앞소리만 계속해서 주고받는 메나리토리 교환창 가창방식으로 부르는 전북 동북부-산간 민요권과 이 동남부-산간분지 민요권을 구별하는 가장 중요한 변별점이 되고 있다. 이 노래는 노래패를 나누지 않고 한 패로 불렀다 한다.[57]

④ 논매는소리[58]

이 마을 논매는소리는 매우 다양하게 분화되어 있으며, 그 구체적인 양상을 살펴보면 다음과 같다.

문열가 : "논매기의 문을 연다."라는 뜻에서 붙여진 이름이라고 한다.[59] 육자배기토리에 가까운 음색으로, 일꾼들을 두 패로 나누어 한 패가 한 절씩을 교대로 불러서, 두 노래패가 노래를 서로 주고받는 두 패 '제창-교환창' 가창방식으로 부른다. 이런 면에서 앞의 팔덕면 월곡리 '문열개'와 그 가창방식이 같다.

이 노래는 초벌매기 · 두벌매기 · 세벌매기 등 어느 때나, 논매기를 처음 시작할 무렵에는 어느 때나 부를 수가 있다. 일꾼들은 늘어선 순서대로 반반씩 두 패로 나뉘어, 한 패가 노래를 부르면, 한 패는 김을 매고, 다른 한

---

57 순창 농요금과들소리보존회, 김봉호(남, 1936생) 회장 제보.
58 김봉호 회장 제보에 의하면, 논매는소리 중에 초벌매기소리인 '문열가' · '연꽃타령'만 일꾼들을 두 패로 나누어, 한 패가 소리를 하면 한 패는 김을 매고, 이어서 다른 한 패가 소리를 하면 한 패는 다시 김을 매는 식으로 부른다고 하며, 나머지 다른 〈논매는소리〉는 모두 패를 나누지 않고 함께 부른다 한다. 이에 비해 유등면 학촌 마을 들소리 제보자 최재복(남, 1936년생) 옹의 제보에 의하면, 학촌 마을에서는 모든 논매는소리들을 다 패를 나누어서 불렀다고 한다.
59 순창군청 편(2004), 『순창구전민요집』, 순창: 순창군청, 8쪽.

패가 노래를 부르면 한 패는 다시 논을 맨다. 이 마을에서는 이 노래를 주로 초벌매기 때에 많이 불렀다고 한다.

초벌매기 때에는 호미로 논매기를 하기 때문에, 손으로 매는 두벌매기·세벌매기 때보다 훨씬 더 힘이 들게 마련이다. 이러한 노동의 고됨을 슬기롭게 이겨내기 위해서, 이 초벌매기 때에는 일꾼들을 두 패로 나누어 한 패는 김매기를 하고, 그럴 때에 한 패는 잠깐 허리를 펴고 쉬면서 노래를 부르는 식으로 논매기를 한 것으로 보인다.

연꽃타령 : 손으로 매기의 초벌매기 때 부르는 노래라 한다. 역시 일꾼들을 두 패로 나누어 '문열가'와 같은 방식으로 한 패가 소리를 하면 한 패는 김을 매고, 다른 한 패가 소리를 하면 한 패는 김을 매는 식으로 부른다.

가창형식을 보면, 한 절의 구성은 선후창[앞소리+후렴] 형식으로 되어 있고, 이 선후창으로 이루어진 한 절씩을 한 패씩 돌아가면서 교대로 부르는 식으로 이어진다. 따라서, 이 가창형식은 '선후창-교환창' 가창방식으로 구성되어 있는 매우 복잡한 '혼합-가창방식'이 된다.

이 노래는 본래 토속민요 서도소리 혹은 경기도소리로 알려져 있는 이른바 〈배꽃타령〉이란 노래인데, 이 노래가 전북을 거쳐 전남 및 경남에까지 그 전파 양상을 보이는 중요한 전파 사례들 중의 하나로서도 매우 주목되는 노래이다. 이 노래는 그 전파의 과정에서 지역에 따라 〈논매는소리〉 혹은 〈장원질소리〉 등으로 그 기능과 곡조가 다양하게 변이되는 사례들을 보이고 있다.[60]

---

60 손인애(2005), 「토속민요 배꽃타령계통 소리 연구」, 『한국민요학』 17집, 한국민요학회, 173~208쪽.

담담서름타령 : 두벌매기/군벌매기 때 부른다 하며, 패를 나누지 않고 크게 원을 그리면서 함께 부른다 하고, 가창방식은 '선후창' 가창방식이다.

왜냐하면, 노래하는 패를 두 패로 나누어 주고받는 식으로 하지 않고 노래패를 한 패로 하여 함께 부르되, 앞소리를 누군가가 메기고, 나머지 노래패 구성원들은 후렴을 받는 선후창[앞소리+후렴] 가창방식으로만 되어 있기 때문이다. 팔덕면 월곡리의 '꺼끄렁염불'과 같은 계통의 노래로 보인다.

이 노래를 부를 때 노래패를 두 패로 나누지 않는 중요한 이유는 이 노래가 논매기 노동 자체가 매우 힘이 많이 드는 호미로 매는 초벌매기 때 부르는 노래가 아니라, 논매기 노동 자체가 호미로 매는 때보다는 비교적 손쉬운 손으로 매는 두벌매기/군벌매기 때에 부르는 노래이기 때문으로 판단된다.

오호타령 : 앞의 '담담설움타령'과 함께, 두벌매기/군벌매기 때 부른다 하며, 이 노래도 역시 패를 나누지 않고 크게 원을 그리면서 함께 부른다고 하며, 가창방식은 '선후창' 가창방식이다.

이 노래의 가창방식도 노래하는 패를 두 패로 나누어 주고받는 식으로 하지 않고, 노래패를 한 패로 하여 함께 부르되, 누군가가 한 사람 앞소리를 메기고, 나머지 노래패 구성원들은 후렴을 받는 식의 선후창[앞소리+후렴] 방식으로만 되어 있기 때문이다.

같은 이름의 들소리 〈논매는소리〉가 군산시 대야면 죽산리 탑동 마을 〈논매는소리〉에도 있는데, 그 곡조는 서로 다르다.

방애타령 : 역시 두벌매기/군벌매기 때 부른다. 패를 나누지 않고 부르며 가창방식은 '선후창' 가창방식이다.

역시 노래하는 패를 두 패로 나누어 주고받는 식으로 하지 않고, 노래패를 한 패로 하여 함께 부르되, 앞소리를 누군가가 한 사람 메기고, 나머지 노래패 구성원들은 후렴을 받는 식의 선후창[앞소리+후렴] 가창방식으로만 되어 있다.

'방애타령'이란 이름의 들소리 〈논매는소리〉는 전북 서북부-평야 민요권에 많이 보이는 명칭이고, 이 계통의 노래는 서울-경기지역 민요에서 온 것으로 학자들은 보고 있다.[61]

오헤소리/긴사호소리 : 세벌매기 곧 만두레 때, 논매기를 마무리 짓은 소리이며, 그 중에 느리게 부르는 소리이다.

만두레 때 부르는 소리는 두 가지가 있는데, 하나는 이 '오헤소리'이고, 다른 하나는 뒤에 기술하는 '사호소리'이다. 어떤 기록에는 이 소리를 하나로 묶어 기술하였는데, 그 소리의 후렴과 빠르기가 달라서 다른 소리로 분리하여 기술하고자 한다.

이 노래 역시 노래패를 둘로 나누지 않고 한 패로 부르면서, [앞소리+후렴] 형태를 취하기 때문에 가창방식은 '선후창'이다.

사호소리 : 세벌매기 곧 만두레 때, 논매기를 마무리 짓은 제일 마지막 소리이며, 가장 빠르게 불러서 노래를 마무리 짓은 소리이다. 역시 노래패를 둘로 나누지 않고 한 패로 부르면서 [앞소리+후렴] 형태를 취하기 때문에 가창방식은 '선후창'이다.

---

61 이와 관련된 대표적인 논의로는 다음 논문을 들 수 있다. 손인애(2001), 「경기민요 방아타령 연구 : 토속민요와 통속민요의 특성 연구를 통한 선후관계 고찰」, 『한국민요학』 9집, 한국민요학회, 123~141쪽. 손인애(2004), 「사당패소리 방아타령 연구 : 서남해 도서지역의 남사당패소리를 중심으로」, 『한국민요학』 15집, 한국민요학회, 177~214쪽.

⑤ 장원질소리

산아지타령 : 논매기를 모두 마치고 일꾼들이 풍물의 길굿가락에 맞추어 마을로 들어오면서 흥겹게 덩실거리면서 부르는 〈장원질소리〉이다.

역시 노래패를 둘로 나누지 않고 한 패로 하여, [앞소리+후렴] 형태의 가창방식으로 부르기 때문에, '선후창' 가창방식의 노래이다.

제5장
순창 금과 지역 노동관행과
금과 들소리

제5장
순창 금과 지역 노동관행과 금과 들소리

1. 순창 금과 지역의 논농사 노동관행과 금과 들소리의 상관성[1]

　　노동요는 그것에 연관되어 있는 노동 관행과 매우 밀접한 관련을 가지고 있다. 왜냐하면, 노동요는 어떤 노동을 할 때 그 노동을 좀 더 효과적이고 수월하게 하기 위한 것이기 때문이다.

　　밭일을 원활하게 하기 위해 〈밭매는소리〉가 존재하고, 목도질을 원활히 하기 위해 〈목도질소리〉가 있으며, 상여를 원활하게 운반하기 위해 〈상여소리〉가 있는 것과 마찬가지로, 논일을 원활하고 효율적으로 수행하기 위해 〈물품는소리〉·〈모찌는소리〉·〈모심는소리〉·〈논매는소리〉 등이 있게 된다.

　　이것을 역으로 생각하면, 이러한 노래들은 그렇기 때문에 그 노래가 불

1　김월덕(2004), 「순창군 금과면 모정리 들노래의 지역적 특성과 문화 전개」, 『구비문학연구』 19집, 한국구비문학회, 317~346쪽.

려지는 노동, 특히 그러한 노동의 성격과 실제에 따라 그 노동요가 결정되고 달라지게 된다고 할 수 있다.

이러한 점에서 어떤 노동요가 불려지는 노동 현장의 관행을 알아보는 것은 매우 중요하다.

'한 들 농사'를 짓는 매우리의 세 마을인 매우·밭매우·신매우 마을은 기계화 이전의 노동 관행도 서로 비슷했다.[2] 주요 생산 노동이 구체적으로 어떤 관행으로 이루어지는가 하는 것은 노동요의 양상에도 영향을 미친다.[3] 어떠한 환경에서 어떤 성격의 일꾼들이 얼마나 많이 참여하여 어떤 속성의 노동을 어느 정도의 강도로 실행하는가 하는 생산노동의 관습과 노동력의 운영방식은 노동요의 양상을 변화시키는 중요한 요인들이다.

밭매기는 분산된 소단위 노동력으로도 가능하지만, 논매기는 가장 더운 철에 대단위 노동력을 집약적으로 필요로 하는 고된 작업이다. 앞장에서 기술한 바와 같이, 논매기 작업의 이러한 특성 때문에 논일의 비중이 가장 큰 전북 서부-평야 민요권에서는 동일한 조건의 노동력을 좀 더 효율적으로 사용할 수 있는 두레와 같은 공동 노동 운영조직을 논매기에 활용하였다. 논매기에 두레를 적극 활용하는 전북 평야지역에는 대개 풍물반주가 동원되고 논매는 소리를 '선후창'으로 부른다.[4] 선후창은 다수의 뒷소리꾼

---

[2] 본 장에서 언급하는 조사 내용은 2000년 11월 10일, 2003년 1월 30일, 2004년 9월 3~4일 세 차례에 걸쳐 현지 조사한 결과이다. 세 번째 조사에서는 먼저 개별적으로 제보자를 만난 후, 저녁에 보존회관에서 제보자들이 모두 모인 자리에서 들노래 가창과 함께 다시 조사하였다. 주요 제보자는 다음과 같다. 홍원표(남, 1935년생, 중모마을 거주), 홍창표(남, 1928년생, 중모마을 거주), 이정호(1040년생, 신모마을 거주), 김영조(남, 1922년생, 외모마을 거주), 김봉호(남, 1935년생, 대성리 거주), 김학원(남, 1936년생, 방성리 거주), 윤경순(여, 1937년생, 동전마을 거주), 제보자들은 주로 노인회 구성원들이자 금과 들소리 보존회 회원들이었다.

[3] Alan Lomax(1968), *Folk Song Style and Culture*, American Anthropologist for the Advancement Publication, no. 88, Washington D.C. : American Anthropologist, pp.6~8.

[4] 김익두, 「전북민요의 전반적 성격과 지역적 특성」, 『국어국문학』 116집, 국어국문학회, 150~151쪽.

들이 가사를 만들어내는 번거로움 없이 일정한 후렴을 부르면서 집단적 노동력을 결집해 나갈 수 있도록 하기 때문에 대규모의 집약적 노동에 효율적인 가창방식이다. 따라서, 서부 평야지역에서 발달한 두레노동은 넓은 농토에서의 대단위 노동력을 충당하기 위한 효과적인 노동력 운영방식이고, 여기에 '두레풍장'과 '선후창'으로 부르는 논매는 소리는 일과 놀이를 합일시켜 노동의 상승효과를 가져다준 것이다.

이에 비해, 동북부-산간 민요권의 주요 가창방식인 '교환창'은 산간의 비좁은 농토에서 소단위 일꾼들이 서로 대등하고 긴밀한 상호관계로 호흡을 맞추어 일하기에 접합하게 되어 있어서[5] 동북부-산간 민요권역에서는 두레와 같은 노동력 운영조직에 대한 필요가 덜 하다고 할 수 있다.

한편, 서부-평야 민요권과 동북부-산간 민요권의 중간 지역인 동남부-산간분지 민요권에 속하는 순창군 금과면의 노동 관행에서는 평야지역에 널리 분포하는 두레가 발달하지 않았으며, 대개 협동 노동은 **품앗이**로 하였다.[6] 즉, 서로 품을 교환하거나 품삯을 내서 일꾼을 사오는 식으로 집약적 공동노동의 노동력을 확보하였다. 품앗이는 마을 단위로 이루어지되, 이웃마을까지 품을 교환하는 경우도 있었다.

순창지역은 평야지역에 비해 농토가 협소하기 때문에 두레를 동원하여 대규모의 노동력을 투입하지 않고, 품앗이로도 김매기 노동력을 충원할 수 있었던 것이다.

모심기는 대개 하지夏至 전 닷새와 후 닷새가 적기였다고 한다. 모심을 때

---

5   김익두(1997), 「한국민요에 반영된 삶의 의미: 전북 북동부 산간지역의 전답작노동요를 중심으로 한 민족음악학적 시론」, 『역사민속학』 6호, 한국역사민속학회, 210~228쪽.

6   매우리의 노동관행에는, '품앗이' 외에 논임자에게서 미리 쌀을 받아먹고 한 마지기 농토의 모심기와 김매기 3번의 놉을 대주는 '고지'가 있었다. 대개 논 한 마지기에 쌀 한 말을 받는 것이 보통이었는데, 이 관행은 해방 후 1950년대까지 있었다.

는 최대로 20여 명의 일꾼들이 아침 일찍 7시경 그 날 모심을 일터에서 모여서 일을 시작한다. 먼저 모를 찌고 나서 아침 '샛거리'를 먹고, 10시경부터 모를 심기 시작하여, 점심 먹고 오후 새참 먹는 시간 외에는 긴 휴식 없이 모를 심었다. 일의 분량은 일꾼 한 사람이 한 마지기 정도의 모를 심었다. 모심기는 일정한 시기를 놓치면 모를 심지 못할 수 있기 때문에 이른 아침부터 밤늦게까지 일을 하는 경우도 있었다. 매우리 일대에서는 모심기에는 풍물이 따르지 않았고, 작은 논에서는 대개 노래를 하지 않았다. 큰 논에서 모를 심을 때 모심는 소리인 '상사소리'를 하였다.

모심기와 달리 **논매기**는 여러 날에 걸쳐서 이루어졌다. 매우리 일대에서는 논매기는 총 네 번 하였다. 즉, 모를 심은 지 20일/2주 만에 호미로 잡초를 파 엎는 '호미로매기'를 하고, 호미로 맨 지 10일 만에 손으로 '한벌매기'를 한다. 그리고 한 벌 맨 지 10일 만에 손으로 두 번째 매기인 '군벌매기'를 한다. 그런 다음 다시 군벌매기를 한 지 10일 만에 마지막 김매기인 '만드리'를 한다. 순창지역에서는 보통 두벌 또는 많으면 세 벌을 맸는데, 매우리 일대 논매기 횟수는 서부 평야지역과 비슷하다.

논매기 때 시간의 경과에 따라 작업하는 양과 논매는 소리의 분포는 다음과 같은 〈표 4〉로 나타낼 수 있다.

〈표 4〉 금과면 매우리 일대 논매는 소리 시간대별 분포도

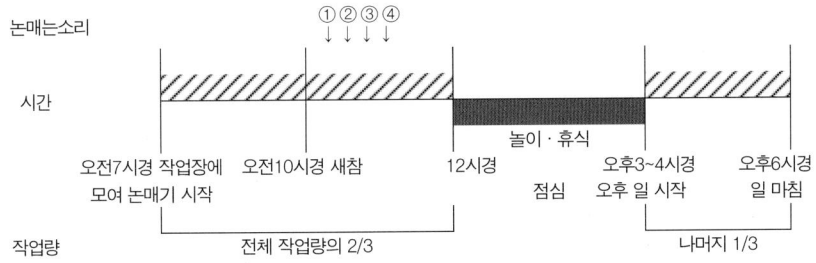

매우리 일대에서는 아침 7시경 그 날 작업할 일터에서 일꾼들이 만나서 논매기를 시작한다. 큰 논을 맬 때는 20~30명의 일꾼들이 모이며, 한 사람이 한 마지기의 논을 감당한다.

　10시경에 오전 새참을 먹는데, 새참과 먹은 다음 논맬 때부터 들소리 노래를 부르기 시작하여 점심 먹을 때까지 노래를 하며, 논매는 소리가 다양하게 '분화'되어 있다.

　논매는 소리는 ①〈문열가〉로 시작하여, ②〈연꽃타령〉·〈담서름타령〉·〈오호타령〉·〈방애타령〉을 부르는데, 〈방애타령〉은 점심때가 가까워질 때 부르게 되므로, 이 소리를 할 때는 모두가 점심때가 되었음을 알게 된다.

　이렇게 점심때가 가까워지면 김매기를 어서 끝내자는 뜻으로 ③〈오헤소리〉와 〈사호소리〉를 부르면서 일을 마무리한다.

　이렇게 해서 오전 중에 그 날 해야 할 작업량의 3분의 2 이상을 마치게 되며, 오후에는 전체 작업량의 3분의 1 정도를 하게 된다. 그만큼 오전 중에 하는 일의 비중이 상대적으로 오후에 비해 컸다.

　점심때가 되면 품앗이 일꾼들이 마을로 돌아오는데, 이 때에는 장원질소리인 ④〈산아지타령〉을 부르면서 마을로 돌아오기도 하며, 이때는 간단한 풍물이 따른다.

　마을로 돌아와서는 논 임자의 집, 주인집에 가서 점심을 먹는다. 그리고 곧바로 일하러 가지 않고 낮잠을 자거나 휴식을 취한 다음, 오후 3~4시경이 되어서야 다시 일을 시작하러 논으로 나간다. 오후에는 새참이나 휴식이 없이 노래도 거의 부르지 않으며, 6시경까지 나머지 분량의 일 곧 3분의 1 정도 남은 일을 끝마친다.

　이와 같은 방식은 두레 노동으로 김매기를 하는 전북 서부-평야지역 민요권과 상당한 대조를 보인다. 예컨대, 군산시 대야면 죽산리 탑동에서는 약 100여 호가 거주했던 해방 이전에 20~30명으로 이루어진 두레패를 3개 정도 구성하여 두레지심을 맸다.[7] 탑동에서는 한 사람이 하루에 두 마지기의 논을 감당하며, 오전 일과 오후 일을 거의 비슷하게 분배했다. 탑동에서는 오전 7시경에 두레꾼들이 마을기와 풍물패를 수반하고 들에 나가서 일을 하다가 9시나 9시 30분경 오전 새참과 막걸리를 먹고 들소리를 부르기 시작한다. 오전 일을 마치고 일꾼들은 각자 자기 집에서 점심을 먹은 후 낮잠을 자거나 휴식을 취한다.

그리고 2시경부터 오후 일을 시작하여 일을 하며, 오후 4시경에 오후 새참과 막걸리를 먹고 들노래를 부르면서 일을 하다가 해질 녘에 하루 일을 마친다.

매우리 일대와 비교할 때 탑동의 논매기 노동의 강도가 훨씬 센 것을 알 수 있다.[8] 매우리 일대에서는 평야지역에 비해 상대적으로 농토가 협소하기 때문에 두레를 동원하지 않고 품앗이로 김매기를 할 수 있었고, 하루에 감당해야 할 전체 작업량의 비중이 많은 오전 중에 노동요 들소리를 배치함으로써, 환경조건과 노동조건에 적합한 방법으로 김매기 노동의 효율적인 성과를 얻을 수 있었다.

대체로 전북 서부-평야 민요권에서는 논일을 할 때에 두레노동 조직에 크게 의존하는 관행이 있었다. 이럴 경우에는 먼저 본격적인 논일이 시작되기 전에 미리 두레를 조직하고 그 조직구성을 기념하는 '**두레모둠**'을 한다. 두레모둠을 하면 그 구성된 두레패가 한 데 모여 그 기념으로 술과 음식

---

7 제보자는 군산시 대야면 죽산리 탑동 고상락(남, 1918생)옹이다. 2004년 8월 23일 조사.
8 매우리 일대 마을 분들의 제보에 의하면, 해방 이전까지만 해도 금과에서는 한 집에서 20마지기를 지으면 농사를 많이 짓는 셈이었다 하고, 탑동에서는 한 집에서 20마지기 짓는 것이 보통이었고, 좀 많이 짓는 사람은 50마지기 이상을 지었다고 한다.

을 나누고, 두레가 구성된 것을 "두레가 난다."고 하여, 그 두레가 조직된 마을 앞에 있는 '마을기/두레기'를 꽂아놓은 '기확'에 '마을기/두레기'를 꽂아 세우고, 이를 기념하는 '기굿' 풍물을 한바탕 친다.

이런 절차가 끝나고 본격적인 논일이 시작되어 만일 두레패가 논매기를 하러 논으로 나간다고 하면, 먼저 그 두레패의 풍물패/두레굿패가 두레기를 앞세우고 두레패를 이끌고 마을 당산으로 가서 당산굿을 치고, 길굿가락을 매어 치면서 논매기를 할 논으로 나가, 두레기를 인근에 세워놓은 다음, 풍물패가 두레패 일꾼들이 논매기를 하러 논으로 들어가라는 신호로 '**들풍장**' 가락을 내어 친다. 그러면 두레패 일꾼들은 모두 논으로 들어가 논매기를 할 준비를 한다.

두레패 일꾼들이 논으로 다 들어간 다음에는, 풍물패가 논매기 노동을 하는 데 사용하는 굿가락인 '**두레풍장**' 가락을 내어 친다. 그러면 일꾼들은 이 가락에 맞추어 〈논매는소리〉를 부르면서 논을 맨다.

그러다가, 한 논배미의 논매기를 다 마치면 풍물패가 다른 논배미로 일꾼들이 이동하는 굿가락인 '**재넘이풍장**' 가락을 내어 치고, 일꾼들은 이 굿가락에 따라 논매기를 할 다음 논배미로 이동한다.

다른 논배미에 도착하면 풍물패가 다시 일꾼이 논으로 들어가라는 굿가락인 '들풍장' 가락을 내어 치고, 일꾼들은 이에 따라 논매기를 할 논으로 다시 들어간다.

그런 다음에는 먼저 논에서와 똑같이 풍물패가 다시 '두레풍장' 가락을 내어치고, 일꾼들을 이에 따라 〈논매는소리〉 노동요를 부르면서 논을 매어 나아간다.

이렇게 해서 논매기 노동이 모두 끝나는 저녁 무렵이 되면, 풍물패가 이번에는 논매기가 모두 끝났으니 이제는 두레패 일꾼들이 모두 논에서 아주 나오라는 뜻의 굿가락인 '**날풍장**' 가락을 내어 친다. 그러면 두레패 일꾼들은 이 굿가락에 따라 모두 손을 씻고 논에서 아주 나와 마을로 돌아올 준비를 한다.

이렇게 해서, 논매기 두레노동이 모두 끝나면, 풍물패는 다시 두레기를 앞세우고 길굿가락을 내어 치고, 두레패는 이 길굿가락에 따라 '**장원질소리**'를 내어 부르면서 덩실덩실 춤을 추면서 마을로 돌아와, 논매기를 한 집 특히 부잣집으로 들어가 미리 준비해 놓은 술과 음식을 마시고 먹으면서 흥겨운 잔치를 벌인다.[9]

그런데, 금과 들소리가 전승되는 순창군 금과면 '대장뜰' 일원의 논농사 노동 관행을 조사해 보면, 이러한 두레노동이 중심이 된 제보들은 찾아볼 수 없고, 논농사의 노동 관행을 지배한 노동관습은 '두레노동' 노동 관습이 아니라, 이보다 좀 더 간단한 '**품앗이**' 노동 관습이라는 것을 알게 된다.

이 금과면 지역의 논농사 노동 관행을 조사하기 위해 본 조사자들은 2024년 5월 1일부터 9월 20일까지 현지조사를 다시 실시하였는데, 이 조사에서도 지역에서의 두레노동 관행에 관한 제보는 확인할 수 없었다. 특히, 2024년 9월 20일에는 이 '대장뜰' 일대의 여러 마을인 매우리·장장리·수양리·일목리·방축리 등에 거주하는 주요 제보자들을 한 자리에 모아서 조사를 하였으나, 이 지역의 두레노동 관행에 관한 제보는 들을 수가 없었다. 이 각 마을 제보자들은 모두 이구동성으로 이 금과면 일대에서의 논농사의 주요 노동은 모두 두레노동'이 아닌 '품앗이' 노동으로 이루어졌다고 제보하였다.[10]

---

9   김익두(2014), 『정읍농악』, 서울: 한국문화사, 266~276쪽.
10   조사일: 2024년 9월 20일, 조사장소: 금과면 '순창 농요금과들소리보존회' 사무실, 제보자 : 정규상(남, 1944생, 금과면 수양리 수양 마을), 윤오채(남, 1942생, 금과면 매우리 매우 마을), 설양호(남, 1950생, 금과면 장장리 장장 마을), 박분주(남, 1951생, 금과면 방축리 방축 마을), 김용주(남, 1952생, 금과면 일목리 일목 마을), 조사자: 김익두.

이상의 여러 차례의 현지조사를 통해서 분명해지는 것은 이 지역의 논농사는 주로 '품앗이' 관행에 따라 이루어졌으며, 이 '품앗이' 관행이 가장 집중적으로 활기를 띠는 시기는 바로 모심기 시기에서부터 논매기 시기까지이다. 이 품앗이 관행은 주로 마을별로 이루어졌으며, 특별한 경우에는 여러 마을에 걸쳐 이루어지기도 하였다.

품앗이 논농사 노동의 주요 원인은 대체로 다음 4가지였다. 첫째, 필요, 곧 논갈이 등에 소를 빌려준 것 곧 '소품', 둘째, 주민들 사이에 사람의 노동력을 빌려준 것 곧 '일품', 셋째, 소품·일품 외에 노동력 제공의 대가로 돈을 받는 것 곧 '품삯' 등이 그것이다.

특히, 부잣집의 논농사 노동력 동원에 있어서는, 그 주인집의 힘이 상대적으로 강하게 작동하게 되며, 주인집에서 품앗이 일꾼을 추리는 데 능력 있는 일꾼을 더 널리 구하는 경우도 있었다.

논농사의 품앗이 노동을 할 때에 동원되는 일꾼의 숫자는 대체로 20명 내외가 보통이었다고 한다. 경우에 따라서는 이보다 더 적을 수도 있고, 때로는 더 많을 수도 있다고 하였다.

품앗이 논농사 노동이 가장 성대한 경우는 바로 논농사 중에서 논매기 노동을 할 때이고, 이 때에는 마을의 풍물이 동원되어 아침에 논을 매러 논으로 나갈 때에도 풍장을 치고 나가고, 논에 논매기를 할 때에도 풍물패의 풍장 가락에 맞추어 논을 매면서 〈논매는소리〉 곧 '들소리'를 부른다. 논을 다 매고 일꾼들이 마을로 돌아올 때에도 풍물패의 풍장 가락에 따라 덩실덩실 춤을 추면서 마을로 돌아왔다. 마지막 논매기 때 곧 '만두리' 때에는 주인집 주인 혹은 머슴을 소등에 태우고 풍물패의 길굿가락에 맞추어 〈장원질소리〉를 흥겹게 부르면서 마을로 돌아와, 주인집에서 마련한 술과 음식을 마시고 먹고 놀았다. 이 마을 잔치에는 마을의 남녀노소가 모두 참여하였다.

2. 금과 지역의 노동 관행과 그에 따른 금과 들소리의 전개

이 지역의 제보자들이 제보한 이 지역의 논농사 노동 관행에 관한 것들을 종합 정리하면 다음과 같다.

이 지역의 논농사 관행은 다음과 같은 과정으로 이루어졌다.

볍씨가리기 : 양력 4월 말~5월 초순에, 먼저 맑은 물에 소금을 푼 다음 날계란을 하나 넣어서 계란이 그 소금물 위로 동전 크기 만큼 뜨도록 소금물 농도를 조절한 다음, 그 소금물에 볍씨를 넣는다. 넣은 볍씨 중에 그 소금물 위로 떠오른 것은 불량한 볍씨이므로 조리로 떠낸다. 그런 다음 밑에 가라앉아 있는 양질의 볍씨만을 골라 맑은 물로 깨끗이 씻는다(〈그림 54〉 참조).

〈그림 54〉 날계란이 떠오른 상태에 따라 소금물의 농도를 조절하는 모습
(ⓒ허정주, 2024)

침종浸種 : 이렇게 고른 볍씨를 맑은 물에 1주일 동안 담가, 볍씨가 싹이 트도록 한다(〈그림 55〉 참조).

〈그림 55〉 침종 모습(상)과 볍씨를 걷어 둔 모습(하)
(ⓒ허정주, 2024)

못자리 모판 만들기 : 볍씨를 뿌려 모를 키울 못자리 모판을 만든다. 못자리를 만드는 방법은 먼저 물대기가 용이하고 토질이 좋은 논을 골라 물을 댄다. 그 다음 물을 댄 논을 괭이로 파고, 쇠스랑으로 고르고, 발로 밟아 고르는 순서로 진행하여, 볍씨를 뿌릴 모판을 고르게 만들어 놓는다(〈사진 56〉~〈그림 57〉 참조).

〈그림 56〉 못자리 모판 만들기(ⓒ허정주, 2024)

〈그림 57〉 그림 하단의 만들어진 못자리 모판 모습(ⓒ허정주, 2024)

물빼기: 이렇게 못자리 모판이 다 만들어지면, 하루 정도 못자리 모판의 물을 빼놓는다. 이렇게 물빼기를 하는 이유는 모판이 약간 마른 다음에 볍씨를 뿌려야 볍씨가 모판에 잘 착근이 되고 썩지 않기 때문이다.

모판밀기 : 앞서 한 물빼기를 통해서 모판이 어느 정도 고슬고슬해지면, 넓은 나무 판대기로 모판을 반듯하고 각지게 밀어서 볍씨를 뿌릴 때 골고루 잘 뿌려지도록 만든다(<그림 58> 참조).

<그림 58> 못자리 모판 밀기(ⓒ허정주, 2024)

볍씨 뿌리기 : 이렇게 못자리 모판이 가지런하게 만들어지면, 앞서 소금물로 소독해서 건져 맑은 물에 담가 놓았던 볍씨를 모판에 골고루 뿌린다(<그림 59> 참조).

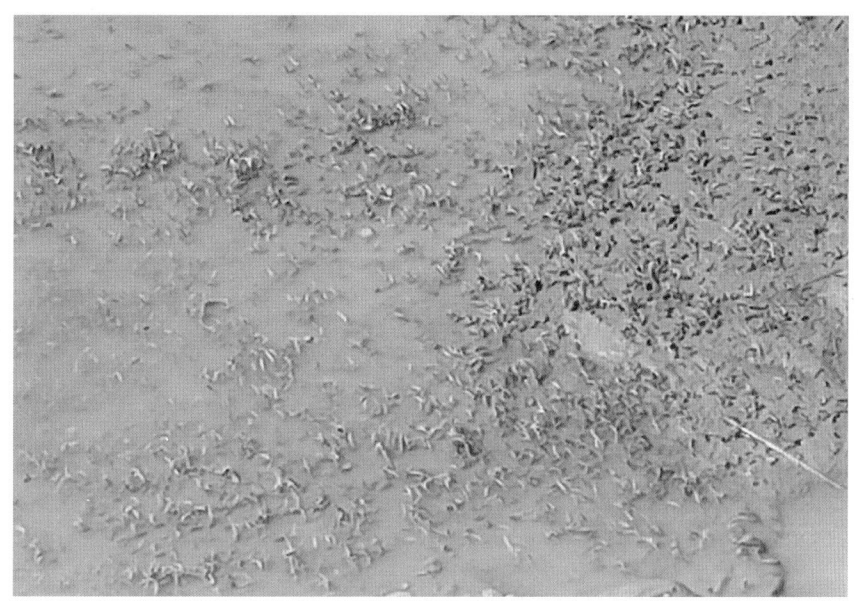

〈그림 59〉 볍씨를 뿌려놓은 모습(ⓒ 허정주, 2024)

물대기 : 볍씨가 모판에 골고루 잘 뿌려지면, 다시 이 못자리 모판에 물을 대어 싹튼 모들이 잘 자라나게 한다.

방수포 덮기 : 요즈음에 들어와서는 못자리 모판에 뿌려놓은 볍씨를 새들이 와서 먹어 치우지 못하게 하기 위해 못자리 위에 방수포를 덮어서 새의 침범을 방지하는 방법을 사용하기도 한다.

방수포 걷기 : 이렇게 해서 못자리를 만들어 놓은 지 약 3~4일이 지나게 되면, 방수포를 걷고 본격적으로 모를 기른다(〈그림 60〉 참조).

〈그림 60〉 방수포 걷는 모습(ⓒ 허정주, 2024)

물품기 : 모심기를 하기 전에 갈아 놓은 논에 물을 대고 써래로 흙을 고르게 고르는 '논삶기'를 한다. 이를 위해 논에 우선 충분한 물을 대어 놓아야 한다. 물을 대기 위해, 심을 논에 논물을 확보하기 위한 방법으로 때로는 물대기가 수월치 않는 높은 지대의 논에는 '두레'라는 기구로 아랫 논이나 아래쪽 못에 있는 물을 퍼 올려 물을 대는 작업도 하게 된다. 이때에 두레라는 농기구로 물을 퍼 올리는 작업을 '물품기'라 하며, 그 기구는 아래 그림과 같다(〈그림 61〉 참조).

〈그림 61〉 물품기 재현 모습(ⓒ허정주, 2024)

이 두레로 하는 물품기 작업을 할 때에는 〈물품기소리〉라는 들소리/농요를 부르는데, 이 가창방식은 한 사람이 메기는소리를 하고 다른 한 사람이 받는소리를 하는 식의 선후창 가창방식으로 이루어져 있다.

논삶이 : 못자리를 만들어 놓은 지 40일 정도가 되면 모를 심어야 하는데, 이를 위해 먼저 해야 할 일이 모를 심을 논을 다듬는 일을 해야 한다. 모심기를 할 논은 미리 갈아 놓았다가, 모심기를 하기 전에 논에 물을 그득 댄 다음에, 써래로 논을 고르게 하는 '논삶이'를 한다. 이 과정은 오늘날에 와서는 트랙터 기계가 다 하게 된다.

모찌기 : 논 고르기 및 논삶이가 다 끝나면 그 논에 모를 심어야 하는데, 이를 위해 먼저 논에 심을 모를 쪄내는 모찌기 작업을 해야 한다. 모심기 작업은 못자리를 만든 지 40일 정도 지나, 하지 전 5일~하지 후 5일 사이에 하게 되므로, 이 모찌기 작업도 이 시기에 한다.

모찌기를 하는 방법은 모를 손으로 잡아 한 주먹씩 뽑은 다음, 3~4 주먹 정도의 분량으로 볏짚으로 묶어서 모 다발을 만들어 모심기할 논으로 운반하도록 한다. 이 모찌기를 할 때에는 <모찌는소리>를 부르면서 모찌기 노동을 한다(<그림 62> 참조).

<그림 62> 일꾼들이 모를 쪄러 논으로 들어가는 모습 재현(ⓒ허정주, 2024)

모심기 : 못자리를 해 놓은 지 ??일이 지나면 모심기를 한다(<그림 63> 참조). 모심기를 할 때 이 금과면 일대에서는 <모심는소리>를 '상사소리'라는 노래로 불렀다. 이곳의 <모심는소리>는 조사 기록에 의하면 '긴소리/긴상사소리'와 '잘룬소리/잦은상사소리'의 구분이 없는 것으로 되어 있다.[11]

그리고 <모심는소리>를 부를 때에는 풍물 반주가 따르지 않는 경우가 많았다 한다.[12]

한 가지 흥미로운 사실은 이 모심기를 할 때에는 음식 중에 술을 주지 않았다고 하며, 그 이유는 술을 주면 품앗이꾼들이 술에 취해서 모를 바르게 잘 못 심기 때문이라 한다.[13]

<그림 63> 모심기 장면 재현 모습(ⓒ허정주, 2024)

---

11   박순호 외(2004), 『순창 구전민요집』, 순창: 순창군청, 7~8쪽.
12   조사일: 2014년 10월 14일, 제보자: 윤오채(남, 1942생). 조사자: 김익두.
13   조사일: 2014년 10월 14일, 제보자: 윤오채(남, 1942생). 조사자: 김익두.

호미로매기 : 모심기를 한 다음 2주 정도 지나면 초벌매기 논매기 작업을 하게 되는데, 이 초벌매기는 호미로 맨다는 점이 특징이다(〈그림 64〉 참조).

〈사진 64〉 금과 들소리 호미질 논매기 장면 재현(ⓒ허정주, 2024)

이 때 논매는 소리는 〈문열가〉로 시작하여, 〈연꽃타령〉·〈담서름타령〉·〈오호타령〉·〈방애타령〉을 부르는데, 〈방애타령〉은 점심때가 가까워질 때 부르게 되므로, 이 소리를 할 때는 모두가 점심때가 되었음을 알게 된다.

이렇게 점심때가 가까워지면 김매기를 어서 끝내자는 뜻으로 〈오헤소리〉와 〈사호소리〉를 부르면서 일을 마무리한다.

이렇게 해서 오전 중에 그 날 해야 할 작업량의 3분의 2 이상을 마치게 되며, 오후에는 전체 작업량의 3분의 1정도를 하게 된다. 그만큼 오전 중에 하는 일의 비중이 상대적으로 오후에 비해 컸다.

점심때가 되면 품앗이 일꾼들이 마을로 돌아오는데, 이 때에는 장원질소리인 〈산아지타령〉을 부르면서 마을로 돌아오며, 이때는 간단한 풍물이 따른다. 만일에, 주인집에서 일꾼들의 점심을 일터로 운반해 오는 경우에는 일꾼들이 마을로 돌아오지 않는다.

마을로 돌아와서는 논 임자의 집, 주인집에 가서 점심을 먹는다. 그리고 곧바로 일하러 가지 않고 낮잠을 자거나 휴식을 취한 다음, 오후 3~4시경이 되어서야 다시 일을 시작하러 논으로 나간다. 오후에는 새참이나 휴식이 없이 노래도 거의 부르지 않으며, 6시경까지 나머지 분량의 일 곧 3분의 1 정도 남은 일을 끝마친다.[14]

---

14 박순호(2004), 『순창구전민요집』(순창: 순창군청, 9~19쪽)에는, 〈문열가〉는 호무질을 할 때, 〈연꽃타령〉은 손으로 한 벌 맬 때, 〈담담설움타령〉·〈오호타령〉·〈방아타령〉은 손으로 두 번째 곧 군벌맬 때, 〈사호소리〉는 만드레를 할 때 부른다고 하였으나, 앞서 기술한 바 있는 김월덕 박사가 2000년 11월 10일, 2003년 1월 30일, 2004년 9월 3~4일 세 차례에 걸쳐 현지 조사한 결과를 보면 이와 같이 기술되어 있다. 이 책에서는 대체로 김월덕 박사의 현지조사 기록을 따랐으며, 이와 배치되는 박순호 교수의 기술 내용은 그 각 노래들 중에서 어떤 노래들이 그 논매기 때에 좀 더 강조되는 노래라는 의미로 생각하였다. 이러한 판단의 이유는, 현재 이 금과 들소리를 전승하고 있는 전승자들도 이 문제에 관한 명확한 판단을 하지 못하고 있기 때문이다.

그런데, 이 호미로매기 때에는 유독 〈문열가〉가 이 때 부르는 노래라고 강조하는 기술을 볼 수 있다.[15] 이는 이 노래가 특히 호미로매기를 할 때에 중시해서 부른 노래라는 뜻으로 이해된다. 왜냐하면 이 노래를 부르는 가창방식을 보면, 품앗이 노동패를 두 패로 나누어, 한 패가 모내기를 하지 않고 이 노래 한 소절을 부르면, 다른 한 패가 논매기를 하고, 그 다음 한 패가 그 노래를 받아서 허리를 펴고 일을 하지 않는 채로 한 소절을 부르는 식으로, 제창 형식의 교환창 방식으로 노래를 불러 나아가는데, 이유는 이 호미로매기 노동이 손으로매기 노동보다 훨씬 힘들기 때문이다.

다른 들소리들은 이렇게 두 패로 나누어 한 패씩 쉬면서 교대로 부르지 않고, 모두 패를 나누지 않고 한 패로 부른다. 이러한 점으로 미루어 볼 때, 호미로매기를 할 때 가장 부르기 적절한 들소리가 바로 〈문열가〉라는 것을 알 수 있다.

한벌매기[16] : '호무질'로 하는 초벌매기 작업이 끝난 다음 10일 정도 지나면, 호미를 사용하지 않고 손으로 흙을 손으로 고르며 매는 작업이다(〈그림 65〉 참조).

이 한벌매기를 한 후에 논의 물을 조금 말린다. 이 한벌매기를 하는 동안에도 〈문열가〉로 시작하여, 〈연꽃타령〉·〈담서름타령〉·〈오호타령〉·〈방애타령〉을 부르는데, 〈방애타령〉은 점심때가 가까워질 때 부르게 되므로, 이 소리를 할 때는 모두가 점심때가 되었음을 알게 된다.

---

15 박순호(2004), 앞의 책, 8쪽.
16 순서로는 '두벌매기'인데 손으로 처음 맨다고 하여 '한벌매기'라 부른다.

〈그림 65〉 한벌매기 장면 재현(ⓒ허정주, 2024)

이렇게 점심때가 가까워 오면 김매기를 어서 끝내자는 뜻으로 역시 〈오헤소리〉와 〈사호소리〉를 부르면서 일을 마무리한다.

이렇게 해서 오전 중에 그 날 해야 할 작업량의 3분의 2 이상을 마치게 되며, 오후에는 전체 작업량의 3분의 1 정도를 하게 된다. 그만큼 오전 중에 하는 일의 비중이 상대적으로 오후에 비해 컸다.

점심때가 되면 품앗이 일꾼들이 마을로 돌아오는데, 이 때에는 장원질소리인 〈산아지타령〉을 부르면서 마을로 돌아오며, 이때는 간단한 풍물이 따른다. 만일에, 주인집에서 일꾼들의 점심을 일터로 운반해 오는 경우에는 일꾼들이 마을로 돌아오지 않는다.

그런데, 박순호(2004)의 조사 기록에 의하면, 이 손으로 한벌매기를 할 때 많이 부르는 노래는 〈연꽃타령〉이라 한다.[17]

군벌매기[18] : 두벌매기를 한 다음 10일 전후에 세 번째 김매기를 하는데 이를 군벌매기라 하며, 역시 손으로 맨다(〈그림 60〉 참조).

이 군벌매기를 하는 동안에도 〈문열가〉로 시작하여, 〈연꽃타령〉·〈담서름타령〉·〈오호타령〉·〈방애타령〉을 부르는데, 〈방애타령〉은 점심때가 가까워질 때 부르게 되므로, 이 소리를 할 때는 모두가 점심때가 되었음을 알게 된다.

이렇게 점심때가 가까워 오면 김매기를 어서 끝내자는 뜻으로 〈오헤소리〉와 〈사호소리〉를 부르면서 일을 마무리한다.

점심때가 되면 품앗이 일꾼들이 마을로 돌아오는데, 이 때에는 장원질소리인 〈산아지타령〉을 부르면서 마을로 돌아오며, 이때는 간단한 풍물이 따른다. 만일에, 주인집에서 일꾼들의 점심을 일터로 운반해 오는 경우에는 일꾼들이 마을로 돌아오지 않는다.

그런데, 박순호(2004)의 조사 기록에 의하면, 이 군벌매기 때에는 주로 〈담담설움타령〉·〈오호타령〉·〈방아타령〉이란 세 가지 노래를 많이 부른다고 한다.[19]

만드레/만두레 : 군벌매기를 한 다음 다시 10일 전후에 이 네 번째 김기를 하는데, 이를 '말물매기/만물매기' 혹은 '만드레'라 하며, 역시 손으로 맨다(〈그림 66〉 참조). 이 때에도 여러 가지 노래들을 부를 수 있으나, 주로 〈오헤소리〉·〈긴사호소리〉·〈잘룬사호소리〉를 많이 부른다 한다.[20]

---

17   박순호(2004), 앞의 책, 9~10쪽.
18   전체 순서로는 세벌매기인데, 손으로 매기로는 두 번째라 하여 '군벌매기'라 부른다.
19   박순호 외(2004), 앞의 책, 11~12쪽,
20   박순호 외(2004), 앞의 책, 12~14쪽.

〈그림 66〉 만두레 장면 재현 1(ⓒ허정주, 2024)

〈그림 66〉 만두레 장면 재현 2(ⓒ허정주, 2024)

장원리/장원례 : '만드레'/'말물매기'가 끝나면 일꾼들이 풍물패들의 질굿 가락에 맞추어 덩실덩실 흥겨운 춤을 추며 장원질소리인 〈산아지타령〉을 부르면서 마을로 돌아와 주인집에서 장만해 내온 술과 음식을 마시고 먹으며 즐겁게 잔치를 벌인다(〈그림 67〉).

〈그림 67〉 장원례 장면 재현(ⓒ허정주, 2024)

제6장
순창 농요 금과 들소리의 구성요소들

제6장
순창 농요 금과 들소리의 구성요소들

순창 금과 들소리를 구성하는 주요 구성요소들로는, 예전에 들소리 현장이 살아 있을 때에는, 논농사를 담당하는 품앗이꾼들, 그들이 부르는 들소리, 그리고 이 들소리의 반주음악인 풍물패/농악대의 굿가락 등이 필수요소였다.

그러나 오늘날 농업 현장의 기계화로 인해 이 들소리의 연행 현장이 사라짐에 따라, 들소리 전승의 주요 구성요소들은 이제 이 들소리를 전승하는 들소리보존회원들, 그들이 부르는 들소리, 그리고 들소리에 반주를 하는 반주음악으로서의 풍물패/농악대 굿가락 등으로 그 필수요소가 변화되어 있다.

이러한 들소리 전승 환경의 변화는 비단 이 금과 들소리에만 해당하는 것이 아니라, 전국의 들소리/농요 전승 현장에서 일어난 전반적인 변화이다. 이에 따른 들소리 전승·보존 방법이 바로 문화재보호법의 시행이다. 이 금과 들소리 주요 구성요소에 관해서 좀 더 구체적으로 기술해 보면 다음과 같다.

1. 가창자: 품앗이꾼들/들소리보존회원들

예전에는 이 금과 들소리 가창자는 논농사를 담당하던 품앗이 일꾼들이었으나, 지금은 '순창 농요 금과 들소리 보존회원들'로 바뀌게 되었다. 이 가창자인 보존회원들의 계보와 전승자들의 명단을 정리해 보면 다음과 같다.

전승계보 : 현재 구체적으로 파악되는 금과 들소리의 전승계보를 보면 다음과 같다.

설청하(금과면 동전리, 1907년생)·양초복(금과면 대장리, 1910년생)
↓
이정호(금과면 매우리, 1940년생)
↓
윤영백(팔덕면 덕천리, 1983년생)
김학춘(금과면 석촌리, 1954년생)
최애순(금과면 대성리, 1960년생)
전선애(금과면 청룡리, 1952년생)
박분주(금과면 방축리, 1951년생)
강귀순(금과면 목동리, 1960년생)
심귀옥(금과면 매우리, 1956년생)

2. 들소리

금과면 일대의 논농사에서 들소리가 연행되는 경우는 물품기 · 모찌기 · 모심기 · 논매기 · 장원례를 할 때이다. 금과 들소리를 노동 과정 절차 순으로 기술하면 다음과 같다.

1) 물품는소리

물품는소리 : 〈물품는소리〉는 〈그림 68〉과 같이 양쪽에서 '두레'라는 물품는 농기구의 줄을 두 사람이 잡고 소리를 서로 주고 받으며 논이나 못에 있는 물을 윗논으로 퍼 올린다. 〈물품는소리〉의 가사는 다음과 같다.

〈그림 68〉 두레질에 사용되는 두레 모양
(ⓒ 김익두, 2024)

물품는소리[1]

메: 여보소 농부님네덜[2]
받: 예-!

---

1   2024년도 사단법인 민족문화연구소 · 전북대 농악/풍물굿연구소 복원 작업본.
2   두 사람이 소리를 서로 메기고 받는 형식으로 부르기 때문에, '메기는소리', '받는소리' 뜻으로 '메', '받'으로 표시함.

메: 도깨비 방죽에 물 챴네. 상다랭이 물 올려 하다랭이 논 고르세.
받: 그러세-!

메: 자! 순창 농요 금과 들소리 농부님네덜
받: 예-!

메: 도깨비 방죽 물 챴네. 상다랭이 물 올려 하다랭이 논 고르세.
받: 그러세-에!

메: 도깨비 방죽에 물 챴네. 도깨비방죽에 물을 품어서 금년 농사 준비를 해보세!
받 : 그러세-에!

메 : 상다랭이 물 올려 하다랭이 논 고르세.
받 : 그러세-에!

메: 도깨비 방죽
받: 어이!

메: 물이 넘치네.
받: 어이!

메: 이 물을 품어서
받: 어이!

메: 풍년 농사
받: 어이!

메: 지어나 보세.
받: 어이!

메: 어느 새 번쩍
받: 어이!

메: 이오 십이
받: 어이!

메: 올라갔네.
받: 어이!

메: 오동추야
받: 그렇지!

메: 저 달은 밝고
받: 어이!

메: 님으 생각
받: 어이!

메: 절로 난다.

받: 어이!

메: 어느 새 번쩍
받: 어이!

메: 사오 이십
받: 어이!

메: 올라가갔네
받: 어이!

메: 소쩍새야
받: 어이!

메: 울지 말어라.
받: 어이!

메: 니가 울면
받: 어이!

메: 이내 간장
받: 어이!

메: 다 녹는다.
받: 어이!

메: 어느 새 번쩍

받: 어이!

메: 오륙 삼십

받: 어이!

메: 올라갔네.

받: 어이! (잘 올라간다!)

메: 쑥국새야

받: 어이!

메: 우지 말어라.³

받: 어이!

메: 니가 울면

받: 어이!

받: 날이 가물고

받: 어이!

메: 비가 안 오면

---

3   이 지역 제보자들에 의하면, 여름에 가물고 무더울 때에 쑥국새가 울기 때문에 이런 속담이 생겼다 한다. 제보자 : 윤오채(남, 1943생, 금과면 매우리)

받: 어이!

메: 도로나 쑥국
받: 어이! (그렇지!)

메: 오팔 사십
받: 어이!

메: 올라가고
받: 어이!

메: 어느 새 번쩍
받: 어이!

메: 백두대간
받: 어이!

메: 올라갔네.
받: 어이!

메: 환갑 진갑
받: 어이!

메: 다 넘어가고
받: 어이!

메: 인간 칠십
받: 어이!

메: 고로롱 팔십
받: 어이!

메: 이팔청춘
받: 어이!

메: 소년들아
받: 어이!

메: 백발 보고
받: 어이!

메: 반대 말어라.
받: 어이!

메: 나도 어제는
받: 어이!

메: 청춘이더니
받: 어이!

메: 오늘 백발

받: 어이!

메: 한심허더라.
받: 어이! (그렇지!)

메: 어느 새 번쩍
받: 어이!

메: 백두대간
받: 어이!

메: 올라갔네.
받: 어이!

2) 모찌는소리

　모찌는소리 : 모찌기 작업은 모심기 작업과 같은 시기에 하루 당일 혹은 하루 전후로 이루어지기 때문에 거의 같은 시기에 이루어지는 것으로 보아야 한다.
　못자리를 만든 지 40일 정도 지난 시기인 하지 전 5일~하지 후 5일 사이에 다음과 같은 가사의 <모찌기소리>를 하면서 모를 찐다.[4] 이 노래는 후렴이 있는 선후창 가창방식으로 되어 있다.

4　2024년도 사단법인 민족문화연구소 · 전북대 농악/풍물굿연구소 복원작업본.

모찌는소리

앞: 여보소 농군님들[5]
뒤: 예-!

앞: 일하러 가세
뒤: 예-!

앞: 모키가 한 뼘이나 되는디,
뒤: 어이-!

앞: 우리가 모찌는 소리를 허면서 모를 한번 찌어 보세
뒤: 그러세-!

앞: 졌네 졌네 나도 한 줌 졌네
뒤: 졌네 졌네 나도 한 줌 졌네

앞: 모농사는 반절 농사라네. 애지중지 쪄보세.
뒤: 졌네 졌네 나도 한 줌 졌네

앞: 이 모를 잘 찌어서 풍년 농사 지으세
뒤: 졌네 졌네 나도 한 줌 졌네

---

[5] 앞에서 메기는 소리의 뜻으로 '앞'으로 표시하고, 뒤에서 여러 사람이 받는 소리, 곧 '후렴'이란 뜻으로 '뒤'로 표시함.

앞: 먼 데 사람 듣기 좋고 옆에 사람 보기 좋게
뒤: 쪘네 쪘네 나도 한 줌 쪘네

앞: 너도 나도 합심 혀서 보기 좋게 찌어 보세
뒤: 쪘네 쪘네 나도 한 줌 쪘네

앞: 잘도나 허네 잘도나 허네 우리 농군덜 잘도나허네
뒤: 쪘네 쪘네 나도 한 줌 쪘네

앞: 여기도 쌍쌍 저기도 쌍쌍 쌍쌍으로만 잘도나허네
뒤: 쪘네 쪘네 나도 한 줌 쪘네

앞: 산천초목은 저젊어가고 우리 청춘은 다 늙어가네
뒤: 쪘네 쪘네 나도 한 줌 쪘네

앞: 이 농사를 지여다가 추수동장 하여보세
뒤: 쪘네 쪘네 나도 한 줌 쪘네

앞: 서산에 걸린 저 해는 누구를 못잊어 못 넘너가나
뒤: 쪘네 쪘네 나도 한 줌 쪘네

앞: 다 되어가내 다 되어가네 애지중지 모찌기 다 되어가네
뒤: 쪘네 쪘네 나도 한 줌 쪘네

앞: 골골마다 연기나니 우리 농군덜 고생들혔소

뒤: 쪘네 쪘네 나도 한 줌 쪘네

3) 모심는소리

상사소리 : 그 다음 모심기를 할 때에는 '상사소리'라고 하는 <모심는소리>를 부르며, 이 때에는 대체로 풍물 장단이 따르지 않는 경우가 많았다고 한다.[6] <상사소리>의 가사는 다음과 같으며, '긴소리'와 '잘룬소리'의 분화는 보이지 않고 있다.[7]

한 가지 흥미로운 사실은 이 모심기를 할 때에는 음식 중에 술을 주지 않았다고 하며, 그 이유는 술을 주면 품앗이꾼들이 술에 취해서 모를 바르게 잘 못 심기 때문이라 한다.[8]

이 금과 들소리의 <상사소리> 가사를 보면 다음과 같다.[9]

상사소리

앞 : 자 모 숭굴 준비 다 되 네. 여보소. 농부님네딜!
뒤 : 예-!

앞 : 오뉴월이 당도허여, 우리 농군 시절 도로 와버렸네 그려. 모를 심으면서 상사소리를 해보세에-!

6　조사일: 2014년 10월 14일, 제보자: 윤오채(남, 1942생). 조사자: 김익두.
7　박순호 외(2004), 『순창 구전민요집』, 순창: 순창군청, 7~8쪽.
8　조사일: 2014년 10월 14일, 제보자: 윤오채(남, 1942생). 조사자: 김익두.
9　금과들소리보존회(2004), 『순창의 민요 순창군 금과 들소리』(녹음테이프) 소재본.

뒤 : 그러세에-!

앞 : 여-허이 여-허이, 여허-이 여허루, 상-사아아, 뒤-이혀-
뒤 : 여-허이 여-허이, 여허-이 여허루, 상-사아아, 뒤-이혀-

앞 : 모손을 갈러 쥐고 거듬거듬 심어나 보세
뒤 : 여-허이 여-허이, 여허-이 여허루, 상-사아아, 뒤-이혀-

앞 : 여기도 꽂고 저기 저기도 꽂아나 보세
뒤 : 여-허이 여-허이, 여허-이 여허루, 상-사아아, 뒤-이혀-

앞 : 이 농사를 잘 지어서 선영 봉제사나 허여나 보세
뒤 : 여-허이 여-허이, 여허-이 여허루, 상-사아아, 뒤-이혀-

앞 : 앞산은 멀어지고 뒷산은 가까워지네
뒤 : 여-허이 여-허이, 여허-이 여허루, 상-사아아, 뒤-이혀-

앞 : 서 마지기 논배미가 반달만큼 남았네
뒤 : 여-허이 여-허이, 여허-이 여허루, 상-사아아, 뒤-이혀-

앞 : 니가 무슨 반달이냐 초생달이 반달이네
뒤 : 여-허이 여-허이, 여허-이 여허루, 상-사아아, 뒤-이혀-

앞: 싸드락 점심 바구니 떠 들어오네
뒤 : 여-허이 여-허이, 여허-이 여허루, 상-사아아, 뒤-이혀-

앞 : 이 논배미를 다 심으면 장구배미로 넘어를 가세
뒤 : 여-허이 여-허이, 여허-이 여허루, 상-사아아, 뒤-이혀-

4) 논매는소리

가. 호미로매기 : 모심기를 한 다음 20일 정도 지나면 초벌매기 논매기 작업을 하게 되는데, 이 초벌매기는 호미로 맨다는 점이 특징이다. 이 논매기 작업 때에 주로 부르는 노래가 <문열가>라는 논매기소리를 하게 된다.[10] <문열가> 가사는 다음과 같다.[11]

문열가[12]

메 : 자. 농부님네들!
받 : 예에-!

메 : 모 심은 지가 스무 날이 넘었네. 호무질을 허면서 문열가를 불러보세
받 : 예에-!

메 : 오늘도 호 호, 오늘도 하 아 하 아, 심심 헤에허어헛,

---

10 박순호 외(2004), 앞의 책, 8~9쪽.
11 금과들소리보존회(연도미상), 『순창의 민요 순창군 금과 들소리』(녹음테이프) 소재본.
12 이 노래는 초기의 조사 자료에는 '선독입후제창先獨入後齊唱', 곧 한 사람의 선창자가 한 절의 첫 부분을 부르면 나머지 패들이 이를 따라서 그 절의 가사를 함께 제창하는 가창방식으로 부르고 있으나, 나중에는 노래패를 두 패로 나누어 한 패가 한 절을 제창으로 부르면, 다른 한 패가 그 절을 다시 제창으로 부르는 두 패 '제창-교환창' 방식으로 바뀌고 있다.

허어허네에-, 노래 하나-, 불러, 허어- 보세
받 : 오늘도 호 호, 오늘도 허 아 하 아, 심심, 허 허어헛,
　　　허어허네에헤, 노래 하나-, 불러-, 보세

메 : 형제에 헤 헤, 형제 헤 에 헤 에, 말을 을 타듯,
　　　타고-, 형제 고개-, 넘어, 어 간다
받 : 형제에 헤 헤, 형제 헤 헤 헤 헤, 말을 을 타듯,
　　　타고-, 형제 고개-, 넘어가네

메: 앞산은, 점점, 멀어지고-,
　　　지이고오-, 뒷산은 점점 멀어진다
받: 앞산은, 점점, 멀어지고,
　　　지이고오-, 뒷산은 점점 멀어진다

메 : 일락서산-, 해 떨어- 어허지이힛,
　　　지이고오-, 월출동령 달만- 솟네
받 : 일락서산- 하 하 하 한, 해 떨어-어어지이힛,
　　　지이고오-, 월출동령 달만- 솟네

메 : 저 산-, 넘메에에 에 -, 소첩을 두우우-,
　　　두우고오-, 밤질 걷기 난감도 허어네
받 : 저 산-, 넘메에 에 -, 소첩을 두우우-,
　　　두우고오-, 밤질 걷기 난감도 허어네

나. 한벌매기[13] : '호무질'로 하는 초벌매기 작업이 끝난 다음 10일 정도 지

나면, 호미를 사용하지 않고 손으로 흙을 손으로 고르며 매는 작업이다. 이 한벌매기를 한 후에 논의 물을 조금 말린다. 두벌매기를 하는 동안에는 주로 〈연꽃타령〉 등의 노래를 부른다.[14] 가창형식을 보면, 한 절의 구성은 선후창[앞소리+후렴] 형식으로 되어 있고, 이 선후창으로 이루어진 한 절씩을 한 패씩 돌아가면서 교대로 부르는 식으로 이어진다. 따라서, 이 가창형식은 '선후창-교환창' 가창방식으로 구성되어 있는 매우 복잡한 '혼합-가창방식'이 된다. 〈연꽃타령〉의 가사를 보면 다음과 같다.[15]

연꽃타령

앞 : 자! 우리 농군네들![16]
패 : 예에-!

선 : 호무질 헌 지가 열흘이 넘었네. 한 벌을 맴서 연꽃타령을 불러 보세!
패 : 그러세에-!

선1 : 연꽃일레,[17] 연꽃일레, 광주[18] 계향에나[19] 방죽에나, 연꽃일레, 얼씨

---

13   순서로는 '두벌매기'인데 손으로 처음 맨다 하여 '한벌매기'라 부른다.
14   박순호(2004), 앞의 책, 9~10쪽.
15   2024년도 사단법인 민족문화연구소 · 전북대 농악/풍물굿연구소 복원작업본.
16   이하에서, '선'은 소리를 먼저 내는 사람이란 뜻, '패'는 소리를 제창으로 부르는 소리패라는 뜻이다. '선1'은 두 소리패 중 먼저번 부르는 소리패의 소리를 먼저 내는 사람이란 뜻, '패1'은 그 먼저번 부르는 소리패, '선2'는 다음번 부르는 소리패의 소리를 먼저 내는 사람, '패2'는 다음번에 부르는 소리패란 뜻이다.
17   과거에는 소리패가 A패 B패 둘로 나뉘어 A패의 선독으로 "연꽃이래~"를 부고 나면 A패가 가사를 제창하였다. 그다음 B패의 선창자가 선독으로 "활 잘 쏜다~" 하고 부르면 B패가 가사를 제창을 한다. 그 다음 A패 선창자가 다시 "베 잘 짠다~"를 부르면 A패가 가사를 제창하는 식으로 하여, A패

구나[20] 정저리사, 절씨구나 정저리사,[21]

음흠, 나니나 좋을씨고

패1 : 연꽃일레, 연꽃일레, 광주 계향에나 방죽에나, 연꽃일레,

에햐 에헤 정저리사, 절씨구나 정저리사,

음흠, 나니나 좋을씨고

선2 : 활 잘 쏜다, 활 잘 쏜다, 전주 한량들이 한량들이, 활 잘 쏘고 논다,

얼씨구나 정저리사, 절씨구나 정저리사,

음흠, 나니나 좋을씨고

패2 : 활 잘 쏜다, 활 잘 쏜다, 전주 한량들이 한량들이, 활 잘 쏘고 논다,

에햐 에헤 정저리사, 절씨구나 정저리사,

음흠, 나니나 좋을씨고

선1 : 베 잘 짠다, 베 잘 짠다, 남원 도구머리 큰애기가, 베 잘 짠다.

얼씨구나 정저리사, 절씨구나야 정저리사,

음흠, 나니나 좋을씨고

패1 : 베 잘 짠다, 베 잘 짠다, 남원 도구머리 큰애기가, 베 잘 짠다.

에햐 에햐 정저리사, 절씨구나 정저리사,

B패가 번갈아 가면서 부르는 '선독후입제창-교환창' 형식이었다. 현재는 선창자가 가사 전체를 부르고 나면 나머지 사람들이 제창으로 가사를 따라 부르는 형태로 바뀌었다.

18 다른 곳에서는 '방죽'으로 불려지는 곳도 몇 곳 있음.
19 발음상 "계향에나" 혹은 "개양에나", "계양에나" 등으로 들림. 정읍시 태인면 태흥3리 김복기(남, 72세, 1991.2. 21) "배꽃타령" 민요에서는 "광주 계향에나" 부분을 "방죽으나 주아미"로 부르고, 임실군 지사면 안하리 안하 마을 이덕근(남, 76세, 1990. 12, 13) 옹은 "방죽 저 방죽 안에"로 불렀음.
20 기록 자료에 의하면, "얼씨구나" 또는 "에헤야 에헤" 2가지로 나타난다.
21 초기 녹음 자료에는 '얼량이나 정저리싸, 절량이나 정저리싸'라고 부른다.

음흠, 나니나 좋을씨고

선2 : 수 잘 논다, 수 잘 논다, 순창 큰애기가 아가씨가, 수 잘 논다.
　　　얼씨구나 정저리사, 절씨구나 정저리사,
　　　음흠, 나니나 좋을씨고
패2 : 수 잘 논다, 수 잘 논다, 순창 아가씨가 큰애기가, 수 잘 논다 수 잘
　　　논다. 에하디야 정저리사, 절씨구나 정저리사,
　　　음흠, 나니나 좋을씨고

선1 : 논 잘 맨다, 논 잘 맨다, 금과 농군들이 농군들이, 논 잘 맨다
　　　에햐 에햐 정저리사, 절씨구나 정저리사,
　　　음흠, 나니나 좋을씨고
패1 : 논 잘 맨다, 논 잘 맨다, 금과 농군들이 농군들이, 논 잘 맨다
　　　얼씨구나 정저리사, 절씨구나 정저리사,
　　　음흠, 나니나 좋을씨고

다. 군벌매기[22] : 두벌매기를 한 다음 10일 정도 지나면 세 번째 김매기를 하는데 이를 군벌매기라 하며, 역시 손으로 맨다. 이 때에는 〈방애타령〉·〈담담설움타령〉·〈오호타령〉이란 세 가지의 논매는소리를 부른다.[23] 각 노래의 가사를 보면 다음과 같다.

22　전체 순서로는 세벌매기이데, 손으로 매기로는 두 번째라 하여 '군벌매기'라 부른다.
23　박순호 외(2004), 앞의 책, 11~12쪽.

방애/방개타령[24]

앞 : 에헤야하-아, 아-하 하 아하, 어-허허이,
　　어허이-루, 어허이-루, 바앙헤에야,
　　어허허어허 어허허, 에헤루우,
　　노올세-
뒤 : 에헤야하-아, 아-하 하 아하, 어-허허이,
　　어허이-루, 어허이-루, 바앙헤에야,
　　어허허어허 어허허, 에헤루우,
　　노올세-

앞 : 절크덩 덩덩 잘도나 찧어 보세-헤
뒤 : 에헤야하-아, 아-하 하 아하, 어-허허이,
　　어허이-루, 어허이-루, 방애헤에야,
　　어허허어허 어허허, 에헤루우,
　　노올세-

앞 : 노자 저 젊어서 놀아 보세-헤
뒤 : 에헤야하-아, 아-하 하 아하, 어-허허이,
　　어허이-루, 어허이-루, 방애헤에야,
　　어허허어허 어허허, 에헤루우,
　　노올세-

---

[24] 2024년도 올댓해리티지연구소 · 전북대 농악/풍물굿연구소 복원작업본.

앞 : 이 방애 누 방애냐 강태공이 조작일세
뒤 : 에헤야하-아, 아-하 하 아하, 어-허허이,
　　어허이-루, 어허이-루, 방애헤에야,
　　어허허어허 어허허, 에헤루우,
　　노올세-

앞 : 떠들어 온다 떠들어 온다 새참거리가 떠들어 온다
뒤 : 에헤야하-아, 아-하 하 아하, 어-허허이,
　　어허이-루, 어허이-루, 방애헤에야,
　　어허허어허 어허허, 에헤루우,
　　노올세-

앞 : 다 찧었네 다 찧어가네 보리방애를 다 찧었네
뒤 : 에헤야하-아, 아-하 하 아하, 어-허허이,
　　어허이-루, 어허이-루, 방애헤에야,
　　어허허어허 어허허, 에헤루우,
　　노올세-

담담설움타령[25]

앞 : 자. 우리 농군님네덜
뒤 : 어-이!

25　금과 들소리 보존회(연도미상), 「순창의 민요 순창군 금과 들소리」(녹음테이프) 소재본.

앞 : 우리 한 벌매고 호무질 허고봉개 서러워 죽겠네. 배는 고프고, '담담 설움타령' 한 번 해보세에!
뒤 : 그러세에-!

앞 : 오동동추야야헤-헤, 달이 동동 밝고-호-오, 임으 생각 절로 호오호 나아하안다-아-하
뒤 : 아하이고, 고호오 담다함 설움 설움이야

앞 : 노자 좋다아하-하, 저젊어 노자아 하-하, 늙고 병들면 못 노호오호 나아한다-하.
뒤 : 아하이고, 고호오 담다함 설움 설움이야

앞 : 가면 가고오-호-오, 말면 말제-헤-헤, 첩첩산중으로 시집 지입을 갈까
뒤 : 아하이고, 고호오 담다함 설움 설움이야

오호타령[26]

앞 : 시금에터얼털-얼, 개살구야-하-아, 처녀 어흐 어흐 방에다야, 넣어줄 꺼어허나-야-하
뒤 : 에헤야, 에헤이이히힛, 에헤헤 어얼싸 좀도 좋네

---

26 2002년 제43회 한국민속예술축제 출연본.

앞 : 무단헌 사람으-을, 오래다 놓고-호, 문만 어흐 어흐 잠그고야, 남에헤
    간장을 녹인다야-하
뒤 : 에헤야, 에헤이이히힛, 에헤헤 어얼싸 좀도 좋네

앞 : 오라는 데는, 밤에나 가고, 동네 술집 낮에나 가세
뒤 : 에헤야, 에헤이이히힛, 에헤헤 어얼싸 좀도 좋네

앞: 엄도옹 시하에, 달은 동동 밝고, 옛날 생각이 절로 난다
뒤: 에헤야, 에헤이이히힛, 에헤헤 어얼싸 좀도 좋네

라. 만드레/만두레 : 군벌매기를 한 다음 다시 10일 전후에 이 네 번째 김기를 하는데, 이를 '말물매기/만물매기' 혹은 '만두레'라 하며, 역시 손으로 맨다. 이 때에는 주로 〈오헤소리〉·〈긴사호소리〉·〈잘룬사호소리〉를 부른다.[27] 해당 노래 가사들을 보면 다음과 같다.

① 오헤소리[28]

앞 : 자 농군님네들!
뒤 : 예-이!

앞 : 보리방애도 많이 찧어놓고, 우리 보리밥이라도 배불리 먹어감서, 만
    드리 노래 한 번 히보세에-!

---

27 박순호 외(2004), 앞의 책, 12~14쪽.
28 2024년도 사단법인 민족문화연구소 · 전북대 농악/풍물굿연구소 복원작업본.

뒤 : 예-이!

앞 : 오-헤 헤 헤 헤 헤, 헤라 하 상사 아 뒤혀, 아뒤이 혀-허
뒤 : 오-헤 헤 헤 헤 헤, 헤라 하 상사 아 뒤혀, 아뒤이 혀-허

앞: 먼 디 사람은 듣기도 좋고 옆에 사람은 보기도 좋게
뒤: 오-헤 헤 헤 헤 헤, 헤러하 상사 아뒤혀, 아뒤이 혀-허

앞 : 다 매었네 다 매어 가네 이 논배미를 다 매어 가아네
뒤 : 오-헤 헤 헤 헤 헤, 헤라하 상사 아뒤혀, 아뒤이 혀-허

② 긴사호소리[29]

앞 : 에-헤-라-사-호
뒤 : 에-헤-라-사-호

앞 : 이쪽 베루[30]는 저쪽을 보고
뒤 : 에-헤-라-사-호

앞 : 저쪽 베루는 이쪽을 보소
뒤 : 에-헤-라-사-호

29　기존 자료에서는 이 노래를 '사호소리'로만 기록하였으나, 곡조의 빠르기가 달라서 '긴사호소리'로 분리하여 기록함.
30　"벼리"의 방언. 그물의 위쪽 코를 꿰어 놓은 줄. 잡아당겨 그물을 오므렸다 폈다 한다.

앞: 일락서산에 해 떨어지고
뒤: 에-헤-라-사-호

앞: 골목골목에 연기만 나네
뒤: 에-헤-라-사-호

앞: 해 넘어가네 해 넘어가
뒤: 에-헤-라-사-호

앞: 아 논배미 다 매고 가세
뒤: 에-헤-라-사-호

③ **잘룬사호소리**[31]

앞 : 에-헤라 사-호
뒤 : 에-헤라 사-호

앞 : 떠들어온다 떠들어와
뒤 : 에-헤라 사-호

앞 : 새참거리 떠들어와
뒤 : 에-헤라 사-호

---

31 기존 자료에는 이 노래를 '사호소리'로만 기록하였으나, 곡조의 빠르기가 달라 '자진사호소리'로 분리하여 기록함.

앞 : 휘휘 둘러 쌈들 싸세

뒤 : 에-헤라 사-호

앞 : 순창 원님은 곤달로쌈[32]이요

뒤 : 에-헤라 사-호

앞 : 남원 원님은 천엽쌈이요

뒤 : 에-헤라 사-호

앞 : 임실 원님은 해우쌈[33]이요

뒤 : 에-헤라 사-호

앞 : 우리 농군은 상추쌈일세

뒤 : 에-헤라 사-호

앞 : 에-헤라 사-호

뒤 : 에-헤라 사-호

앞 : 고추장 장사는 순창놈[34]

뒤 : 에-헤라 사-호

---

32 표준어로는 곤달비쌈. 곤달비는 식물 국화과의 여러해살이풀. 곰취 비슷하며 나물로 먹으면 맛이 좋다. 어린잎은 식용하고 뿌리는 부인병 치료에 쓴다. 깊은 산에서 자라는데 한국의 전남, 일본 등지에 분포한다.
33 '김'의 방언.
34 "고추장은 순창골"이란 판본도 있음.

앞 : 감장사는 임실놈[35]

뒤 : 에-헤라 사-호

앞 : 짐장사는 운봉놈[36]

뒤 : 에-헤라 사-호

앞 : 에-헤라 사-호

뒤 : 에-헤라 사-호

앞 : 바짝바짝 우겨주소

뒤 : 에-헤라 사-호

앞 : 밟어라 밟어 영감도 밟고

뒤 : 에-헤라 사-호

앞 : 밟어라 밟어 머심도 밟고

뒤 : 에-헤라 사-호

앞 : 에-헤라 사-호

뒤 : 에-헤라 사-호

앞 : 소쿠리장시 테 두르듯[37]

---

[35] "짐장사는 임실골"이란 판본도 있음.
[36] "짐장사는 운봉골"이란 판본도 있음.

뒤 : 에-헤라 사-호

앞 : 망건[38]장사 골 두르듯[39]
뒤 : 에-헤라 사-호

앞 : 에-헤라 사-호
뒤 : 에-헤라 사-호

앞 : 에-헤라 사-호
뒤 : 에-헤라 사-호

앞 : 사-호!
뒤 : 사-호!

앞 : 사-호!
뒤 : 사-호!

앞 : 사호! 사호!
뒤 : 사호! 사호!

---

37 "둘렀네"란 판본도 있음.
38 망건(網巾) : 상투를 튼 사람이 머리카락을 걷어 올려 흘러내리지 아니하도록 머리에 두르는 그물처럼 생긴 물건. 보통 말총, 곱소리 또는 머리카락으로 만든다.
39 "둘렀다"란 판본도 있음. * 망건골(網巾骨) : 망건을 뜰 때에 대고 뜨는 골.

다 : 우위-이!
　아—아--!
　우이--이!

〈그림 69〉
곤달비/곤달로 풀 모양

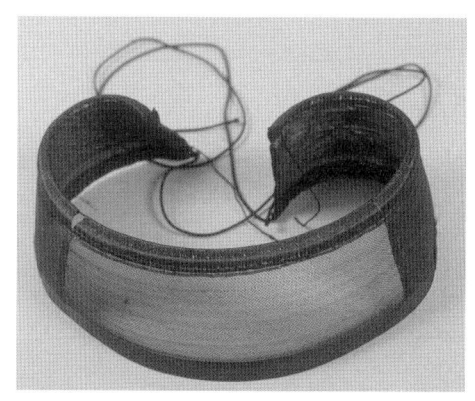
〈그림 70〉 망건

〈그림 71〉 망건골/망건틀

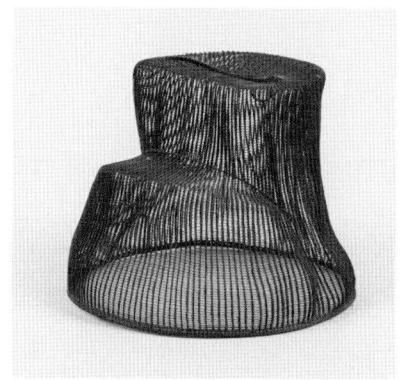
〈그림 72〉 탕건

〈그림 73〉 탕건골

4) 장원질소리

산아지타령 : 만두레 '말물매기'가 끝나면 일꾼들이 풍물패들의 질굿가락에 맞추어 덩실덩실 흥겨운 춤을 추며 장원질소리인 〈산아지타령〉을 부르면서 마을로 돌아와 주인집에서 장만해 내온 술과 음식을 마시고 먹으며 즐겁게 잔치를 벌인다. 〈산아지타령〉의 가사를 보면 다음과 같다.

산아지타령[40]

앞 : 자! 우리 농군님네들!
뒤 : 예-이!

앞 : 금년농사 제초는 마무리했네. 오구사십 억소리 질러들어 가면서 장원질소리 한 번 해보세에!
뒤 : 그러세에-!

앞 : 에야 뒤야, 어헤헤헤야, 어-야 뒤혀라, 산아지로고나
뒤 : 에야 뒤야, 어헤헤헤야, 어-야 뒤혀라, 산아지로고나

앞 : 저건너 갈미봉에 비묻어온다 우장삿갓 들쳐메고 지심매러 가세
뒤 : 에야 뒤야, 에헤헤헤야, 어-야 뒤어라, 산아지로고나

---

[40] 2024년도 사단법인 민족문화연구소 · 전북대 농악/풍물굿연구소 복원작업본.

앞 : 노자 좋다 저젊어 놀아 늙고 병들면 내가 못 놀겠네
뒤 : 에야 뒤야, 에헤헤허야, 어-야 뒤어라, 산아지로고나

앞 : 노다 가세 노다나 가세 저 달이 떴다 지도록 노다 가세
뒤 : 에야 뒤야, 에헤헤헤야, 어-야 뒤어라, 산아지로고나

앞 : 삼각산 몬댕이 비가 온동만동 어린가장품안에서 잠을잔동만동
뒤 : 에야 뒤야, 에헤헤헤야, 어-야 뒤어라, 산아지로고나

앞 : 저기가는 저큰애기 눈매를 보아라 겉눈만 감고서 속눈은 떴네
뒤 : 에야 뒤야, 어허허헤야, 어-야 뒤혀라, 산아지로고나

앞 : 니가 잘나서 일색이드냐 내 눈이 어두워서 환장이로고나
뒤 : 에야 뒤야, 어헤헤헤야, 어-야 뒤혀라, 산아지로고나

앞 : 가면 가고 말며는 말지 어떤 잡년이 비온디 갈까
뒤 : 에야 뒤야, 어헤헤헤야, 어-야 뒤혀라, 산아지로고나

앞 : 말은 가자고 임을 놓고 임은 나를 잡고 낙루를 헌다네
뒤 : 에야 뒤야, 에헤헤헤야, 어-야 뒤혀라, 산아지로고나

앞 : 청천 하늘에는 잔별도 많고 우리 농군 앞길에는 희망도 많네
뒤 : 에야 뒤야, 에헤헤헤야, 어-야 뒤혀라, 산아지로고나

3. 반주음악—풍물패 굿가락

금과 들소리를 연행하는 데 있어서 풍물패/농악대는 마치 어떤 노래를 부르는 데 있어서의 반주악단과 같은 역할을 한다. 금과 들소리가 주로 금과면의 중심부에 있는 '대장뜰'이란 들판을 중심으로 연행되었으나, 들소리를 연행하는 주체들은 대체로 각 마을 공동체 구성원들로 구성되는 '품앗이꾼들'이었다. 이에 따라 이 들소리를 연행할 때의 반주음악을 담당하는 풍물패도 각 마을에 있던 마을 풍물패들이었다.

그러던 것이 오늘날에 와서는 들소리 연행 현장이 사라짐에 따라, 들소리의 전승 보존 작업을 담당하는 '순창 농요금과들소리보존회' 농악 담당자들로 변환되었다. 이 금과 들소리의 반주음악을 담당해온 금과 들소리 풍물패의 주요 계보와 주요 굿가락을 기술해 보면 다음과 같다.

전승계보 : 전승계보를 정리해 보면 다음과 같다.

양차복(쇠잽이, 남, 1913생, 대장 마을)
↓
설동근(쇠잽이, 남, 1928생, 대장 마을) ·
김영달(쇠잽이, 남, 1903생, 내동 마을)
↓
김이수(쇠잽이, 남, 1926생, 대장 마을)
앞소리꾼 이정호와 동시대인
↓
유은숙(상쇠), 안종문(징수), 김상모(북수)
강병식(수장고), 설옥순(장고) 등

금과 풍물패와 금과 들소리의 관계 : 이 금과 들소리는 이 지역 들소리와 긴밀한 관계를 유지하고 있다. 전체적으로 금과 들소리가 연행되는 현장에서는 금과 풍물패가 관련되는 경우가 많다.

먼저, 못자리 만들기, 물품기, 모심기 등에는 대체로 풍물/농악이 동원되지 않은 것으로 제보되고 있다. 다른 들이 넓은 평야지역에서는 모심기 때에도 일명 '모방고'라 하여 모심기에 풍물이 동원되는 경우를 볼 수 있는데, 이 지역에서는 모심기 때에는 풍물이 동원되지 않았다고 한다. 그 이유는 모심기 작업 자체가 "정직하게 심어야 하기 때문에, 홍청거리면 모심기가 바르게 되지 않아서" 그런다고도 하며,[41] 그렇기 때문에 이 모심기 때에는 "술도 멕이지 않는다"고 한다.[42]

논매기 때에는 풍물이 많이 동원되는데, 특히 만두레 때에는 반드시 풍물이 동원되어 홍청거리는 굿판을 이루었다 한다. 현재, 금과 들소리에는 동원되는 풍물가락을 보면 다음과 같다.

길굿가락 : 논일을 하러 논으로 나갈 때나 일을 마치고 마을로 돌아올 때 치는 가락을 정간보로 보이면 다음과 같다.

⟨질굿 굿가락⟩

쇠	갱	갯	깽	갱	갯	깽	갱	게게	갱	갱	갯	깽
징	●						●					

---

41 2001년 7월, 순창군 금과면 매우리 고 양병렬(남, 1929생) 제보.
42 2014년 10월 14일, 순창군 금과면 매우리 윤오채(남, 1942생) 제보, 김익두 조사.

| 장구 | 덩 | 다 | 라 | 쿵 | 다 | 킁 | 덩 | 다 | 라 | 쿵 | 다 | 킁 |

| 북 | 둥 | 둥 | | 둥 | | 둥 | 둥 | | | 둥 | 둥 |

물품는소리 굿가락 : 제보자들에 의하면, 예전에는 물품는소리 굿가락이 따르지 않았다고 하는데, 오늘날 순창 농요금과들소리보존회에서 물품는 소리를 할 때에는 다음과 같은 굿가락을 반주해 준다.

〈물품는소리 굿가락〉-자진모리

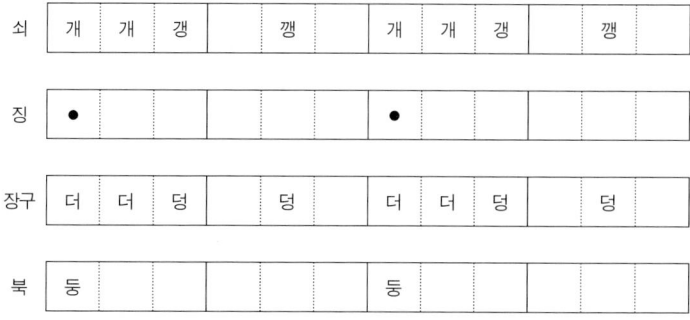

모찌는소리 굿가락 : 모찌는소리도에도 예전에는 풍물 굿가락이 따르지 않았다고 제보자들은 말한다. 지금에 와서는 모찌는소리를 할 때에 다음과 같은 간단한 굿가락을 쳐준다.

〈모찌는소리 굿가락〉-중중모리

| 쇠 | 갱 | | 갯 | 갱 | | 갯 | 갱 | 갯 | 갱 | | 갯 | 갱 | | 갯 |

징	●			●			●			●		
장구	덩		따		덩		따		덩		따	덩	따
북	둥			둥			둥			둥		

모심는소리 굿가락 : 이 지역에서는 예전에는 모심는소리를 심을 때에도, 모를 바르게 심어야 하기 때문에 흥겨운 풍물 굿가락이 따르지 않았고, 술도 내오지 않았다고 제보자들은 말한다.[43] 그리고, 예전에는 이 모심는소리가 긴소리와 잘룬소리로 구분되지 않았다고 하나,[44] 요즈음에는 두 가지로 구분하여 부르고 있다. 요즈음 부르는 긴소리와 잘룬소리 굿가락을 보면 다음과 같다.

〈모심는소리 긴소리 굿가락〉-중모리

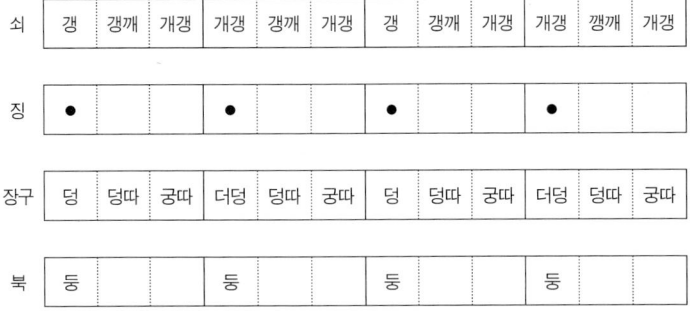

[43] 2001년 7월, 순창군 금과면 매우리 고 양병렬(남, 1929생) 제보, 2014년 10월 14일, 순창군 금과면 매우리 윤오채(남, 1942생) 제보, 김익두 조사.
[44] 2001년 7월, 순창군 금과면 매우리 고 양병렬(남, 1929생) 제보.

⟨모심는소리 잘룬소리 굿가락⟩-중중모리

쇠	갱		깻	갱		깻	갱	개	갯	갱	깻	

| 징 | ● | | | | ● | | | | ● | | | | ● | | | |

| 장구 | 덩 | | 덕 | | 덩 | | 덕 | 덩 | 더 | 덕 | 덩 | | 덩 | |

| 북 | 둥 | | | | 둥 | | | | 둥 | | | | 둥 | | | |

논매는소리 굿가락 : 논매는소리는 문열가 · 연꽃타령 · 담담설음타령 · 오호타령 · 방아타령 · 긴사호소리 · 잘룬사호소리 등이 있는데, 이 노래들을 부를 때 정확한 굿가락 반주가 일정하게 전해진 것은 분명하지 않으며, 각 노래의 흐름과 진행에 따라 적당한 굿가락을 반주하는 방식으로 연행하고 있다. 이를 각 노래별로 보면 다음과 같다.

문열가 굿가락 : 이 노래는 템포가 매우 그리고 박자의 측정이 거의 불가능할 정도로 불규칙해서, 풍물 반주 굿가락도 정확한 규칙성을 따르지 않고, 노래의 호흡에 맞추어 호흡이 쉬는 곳에서 간단한 반주를 넣어주는 식으로 반주를 하고 있다. 그 전체 호흡의 길이로 보면 진양조에 가까운 느낌을 주지만, 그 가락의 한배 구성은 그와는 전혀 다르고 오히려 늦은굿거리 장단과 유사한 방향을 취하고 있다.

연꽃타령 굿가락 : 연꽃타령은 늦은굿거리 장단과 유사한 굿가락으로 연주하며, 가락 구성은 대략 다음과 같다.

⟨논매는소리 연꽃타령 굿가락⟩-늦은굿거리

쇠	갱		개	갱	개개	갱	갱		개갱	갱		개
징	●					●			●			●
장구	덩		덕	덩	더더	덕	덩		기덕	덩		덩
북	둥			둥			둥			둥		

담담설움타령 굿가락 : 대체로 늦은굿거리 장단과 유사한 방향으로 가락을 치며, 그 가락 구성은 대략 다음과 같다.

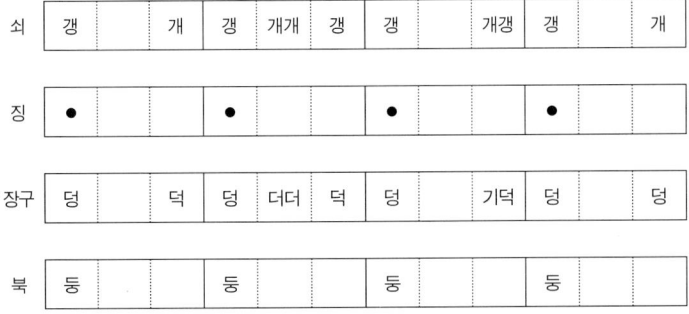

⟨논매는소리 담담설움타령 굿가락⟩-늦은굿거리

오호타령 굿가락 : 대체로 세마치 장단과 유사한 방향으로 연주하며, 그 가락 구성은 대략 다음과 같다.

⟨논매는소리 오호타령 굿가락⟩-세마치

쇠	갱	갱깨	개갱	개갱	갱깨	개갱	갱	갱깨	개갱	개갱	갱깨	개갱

징	●				●				●				●			

장구	덩	덩따	궁따	더덩	덩따	궁따	덩	덩따	궁따	더덩	덩따	궁따

북	둥			둥			둥			둥		

방애타령 굿가락 : 앞의 '문열가'와 비슷한 진양조 정도 템포의 느린 가락이고 그 일정한 박자의 한배가 정확하게 정형화되어 있지 않다. 긴 호흡의 노래가 잠시 쉬는 휴지 부분에서, 간단한 반주가락을 넣어주는 식으로 굿가락을 연주한다.

긴사호소리 굿가락 : 주로 만두레 때에 많이 부르는 노래로, 템포는 대체로 중중모리 정도의 빠르기로 치며, 그 굿가락의 구성은 다음과 같다.

⟨논매는소리 긴사호소리 굿가락⟩-중중모리

쇠	갱		갯	갱		갯	갱		개갯	갱		깻

징	●			●			●			●		

장구	덩		따	덩		따	덩		더덕	쿵		딱

북	둥			둥			둥			둥		

잘룬사호소리 굿가락 : 주로 만두레 때에 많이 부르는 노래로, 템포는 대체로 휘모리 정도의 빠르기로 치다가, 나중에는 자진모리 정도의 빠르기로 친다. 그 굿가락의 구성은 다음과 같다.

장원질소리 굿가락 : 장원질소리는 만두레 때 일꾼들이 논일을 마치고 상머슴을 소등에 태우고 흥겨운 풍물가락에 맞추어 부르는 소리이다. 이곳에서는 '산아지타령'이란 노래를 부른다. 세마치 가락과 유사한 템포의 굿가락으로 연주한다. 굿가락의 구성은 다음과 같다.

〈장원질소리 산아지타령 굿가락〉-세마치

쇠	갱	갱깨	개갱	개갱	갱깨	개갱	갱	갱깨	개갱	개갱	갱깨	개갱
징	●			●			●			●		
장구	덩	덩따	궁따	더덩	덩따	궁따	덩	덩따	궁따	더덩	덩따	궁따
북	둥			둥			둥			둥		

제7장
순창 농요 금과 들소리의 연행 절차와 방법

제7장
순창 농요 금과 들소리의
연행 절차와 방법

　금과 들소리는 이 지역 논농사의 순서 절차에 따라 연행되는 농업 현장의 소리이기 때문에, 이 지역 논농사의 순서 절차에 따라 연행되었던 것이다.
　이 지역 논농사의 순서 절차를 보면, 앞장에서 기술한 바와 같이, 볍씨가리기 · 침종浸種 · 모판만들기 · 물빼기 · 모판밀기 · 볍씨뿌리기 · 물대기 등의 못자리 만들기 과정을 시작으로 해서, 모를 심을 논에 물을 대는 방식 중의 하나인 물품기, 논삶이 · 모찌기 · 모심기 · 논매기[호미로매기 · 한벌매기 · 군벌매기 · 만두레], 장원례 등의 과정으로 그 순서와 절차가 진행된다.
　이 전체 과정 중에서, 들소리가 불려지는 과정은 물품기 · 모찌기 · 모심기 · 논매기[호미로매기 · 한벌매기 · 군벌매기 · 만두레] · 장원례 등 모두 5개의 과정에서 부른다. 구체적으로 논매기 과정에서 가장 많은 종류의 들소리들이 불려진다.
　이 과정에서 부르는 들소리들을 보면, 두레로 물을 품을 때 부르는 <물품는소리> 1가지, <모찌는소리> 1가지, 모심는소리로 <상사소리> 1가지, 논매는소리로는 <문열가> · <연꽃타령> · <담담설움타령> · <방애타령> · <오헤소리> · <긴사호소리> · <잘룬사호소리> 등 7가지의 들소리를 부른다. 장원질소리로는 〈산아지타령〉 1가지가 불려진다. 이렇게 해서, 금과 들소리에서는 모두 11가지의 들소리가 불려지고 있다. 이 전체의 연행 과정과 절차를 구체적으로 기술하면 다음과 같다.

 이 지역의 들소리 연행 과정과 절차를 이 지역 논농사 관행의 순서에 따라 구체적으로 정리해 보면 다음과 같은 과정으로 이루어진다.

 볍씨가리기 : 양력 4월 말~5월 초순에, 먼저 맑은 물에 소금을 푼 다음 날계란을 하나 넣어서 계란이 그 소금물 위로 동전 크기 만큼 뜨도록 소금물 농도를 조절한 다음, 그 소금물에 볍씨를 넣는다. 넣은 볍씨 중에 그 소금물 위로 떠오른 것은 불량한 볍씨이므로 조리로 떠낸다. 그런 다음 밑에 가라앉아 있는 양질의 볍씨만을 골라 맑은 물로 깨끗이 씻는다.

 침종浸種 : 이렇게 고른 볍씨를 맑은 물에 1주일 동안 담가, 볍씨가 싹이 트도록 한다.

 못자리 모판 만들기 : 볍씨를 뿌려 모를 키울 못자리 모판을 만든다. 못자리를 만드는 방법은 먼저 물대기가 용이하고 토질이 좋은 논을 골라 물을 댄 다음, 물을 댄 논을 괭이로 파고, 쇠스랑으로 고르고, 발로 밟아 고르는 순서로 진행하여, 볍씨를 뿌린 모판을 고르게 만들어 놓는다.

 물빼기 : 이렇게 못자리 모판이 다 만들어지면, 하루 정도 못자리 모판의 물을 빼어 놓는다. 그 이유는 모판이 굳지 않은 상태에서 모판에 볍씨를 뿌리면 볍씨가 골아버리기 때문이라고 한다.[1]

 모판밀기 : 앞서 한 물빼기를 통해서 모판이 어느 정도 고슬고슬해지면,

넓은 나무 판대기로 모반을 반듯하고 각지게 밀어서 볍씨를 뿌릴 때 골고루 잘 뿌려지도록 만든다.

볍씨 뿌리기 : 이렇게 못자리 모판이 가지런하게 만들어지면, 앞서 소금물로 소독해서 걸러 맑은 물에 담가 놓았던 볍씨를 이 모판에 골고루 뿌린다.

물대기 : 볍씨가 모판에 골고루 잘 뿌려지면, 다시 이 못자리 모판에 물을 대어 싹튼 모들이 잘 자라나게 한다.

방수포 덮기 : 요즈음에 들어와서는 못자리 모판에 뿌려놓은 볍씨를 새들이 와서 먹어 치우지 못하게 하기 위해 못자리 위에 방수포를 덮어서 새의 침범을 방지하는 방법을 사용하기도 한다.

방수포 걷기 : 이렇게 해서 못자리를 만들어 놓은 지 약 3~4일이 지나게 되면, 방수포를 걷고 본격적으로 모를 키우기 시작한다.

물품기 : 모심기를 하기 전에 갈아 놓은 논에 물을 대고 써래로 흙을 고르게 고르는 '논삶기'를 하는데, 이를 위해 논에 우선 충분한 물을 대어 놓아야 한다.

이를 위해, 심을 논에 논문을 확보하기 위한 방법으로 때로는 물대기가 수월치 않은 높은 지대의 논에는 '두레'라는 기구로 아랫논이나 아래쪽 못에 있는 물을 퍼 올려 물을 대는 작업도 하게 되는데, 이 때에 '두레'라는 농기

---

1 김봉호(남, 1934생, 매우 마을) 제보.

구로 물을 퍼 올리는 작업을 '물품기'라 하며, 그 기구는 아래 그림과 같다 (<그림 74> 참조).

<그림 74> 두레질에 사용되는 두레 모양(ⓒ 김익두, 2024)

이 두레로 하는 물품기 작업을 할 때에는 <물품기소리>라는 들소리/논일노래를 부르는데, 이 가창방식은 한 사람이 메기는소리를 하고 다른 한 사람이 받는소리를 하는 식의 선후창 가창방식으로 이루어져 있다.

먼저, 그 가사를 보이면 다음과 같다.

물품는소리[2]

메: 여보소 농부님네덜

받: 예-!

---

[2] 2024년도 사단법인 민족문화연구소·전북대 농악/풍물굿연구소 복원 작업본.

메: 도깨비 방죽에 물 찼네. 상다랭이 물 올려 하다랭이 논 고르세.
받: 그러세-!

메: 자! 순창 농요 금과 들소리 농부님네덜
받: 예-!

메: 도깨비 방죽 물 찼네. 상다랭이 물 올려 하다랭이 논 고르세.
받: 그러세-에!

메: 도깨비 방죽에 물 찼네. 도깨비방죽에 물을 품어서 금년 농사 준비를 해보세!
받 : 그러세-에!

메 : 상다랭이 물 올려 하다랭이 논 고르세.
받 : 그러세-에!

메: 도깨비 방죽
받: 어이!

메: 물이 넘치네.
받: 어이!

메: 이 물을 품어서
받: 어이!

메: 풍년 농사
받: 어이!

메: 지어나 보세.
받: 어이!

메: 어느 새 번쩍
받: 어이!

메: 이오 십이
받: 어이!

메: 올라갔네.
받: 어이!

메: 오동추야
받: 그렇지!

메: 저 달은 밝고
받: 어이!

메: 님으 생각
받: 어이!

메: 절로 난다.

받: 어이!

메: 어느 새 번쩍
받: 어이!

메: 사오 이십
받: 어이!

메: 올라가갔네
받: 어이!

메: 소쩍새야
받: 어이!

메: 울지 말어라.
받: 어이!

메: 니가 울면
받: 어이!

메: 이내 간장
받: 어이!

메: 다 녹는다.
받: 어이!

메: 어느 새 번쩍

받: 어이!

메: 오륙 삼십

받: 어이!

메: 올라갔네.

받: 어이! (잘 올라간다!)

메: 쑥국새야

받: 어이!

메: 우지 말어라.³

받: 어이!

메: 니가 울면

받: 어이!

받: 비가 안 오고

받: 어이!

메: 비가 안 오면

---

3   이 지역 제보자들의 제보에 의하면, 쑥국새가 울면 가뭄이 든다는 속담이 있다고 한다. 윤오채(남, 1942생, 매우 마을) 제보.

받: 어이!

메: 도로나 쑥국
받: 어이! (그렇지!)

메: 오팔 사십
받: 어이!

메: 올라가고
받: 어이!

메: 어느 새 번쩍
받: 어이!

메: 백에 절반
받: 어이!

메: 올라갔네.
받: 어이!

메: 환갑 진갑
받: 어이!

메: 다 넘어가고
받: 어이!

메: 인간 칠십
받: 어이!

메: 고로롱 팔십
받: 어이!

메: 이팔청춘
받: 어이!

메: 소년들아
받: 어이!

메: 백발 보고
받: 어이!

메: 반대 말어라.
받: 어이!

메: 나도 어제는
받: 어이!

메: 청춘이더니
받: 어이!

메: 오늘 백발

받: 어이!

메: 한심허더라.
받: 어이! (그렇지!)

메: 어느 새 번쩍
받: 어이!

메: 백 두레가
받: 어이!

메: 올라갔네.
받: 어이!

이 〈물품는소리〉의 곡조를 채보한 악보를 보이면 다음과 같다.[4]

---

4 순창 농요금과들소리보존회 편(2022),『순창 농요금과 들소리집』, 순창: 순창 농요금과들소리보존회, 4~5쪽.

물품기 소리

〈사진 75-1〉 물품기 작업 재현 모습(ⓒ허정주, 2024)

〈사진 75〉 물품기 작업 재현 모습(ⓒ허정주, 2024)

논삶이 : 못자리를 만들어 놓은 지 40일 정도가 되면 모를 심어야 하는데, 이를 위해 먼저 해야 할 일이 모를 심을 논을 다듬는 일을 해야 한다. 모심기를 할 논은 미리 갈아 놓았다가, 모심기를 하기 전에 논에 물을 그득 댄 다음에 갈아놓은 큰 흙덩이들을 괭이로 고르고, 써레로 논을 고르게 하는 '논삶이'를 한다. 이 과정은 오늘날에 와서는 트랙터 기계가 다 하게 된다.

모찌기 : 논 고르기 및 논삶이가 다 끝나면 그 논에 모를 심어야 하는데, 이를 위해 먼저 논에 심을 모를 쪄내는 모찌기 작업을 해야 한다. 모심기 작업은 못자리를 만든 지 40일 정도 지나, 하지 전 5일~하지 후 5일 사이에 하게 되므로, 이 모찌기 작업도 이 시기에 한다.

모찌기를 하는 방법은 모를 손으로 잡아 한 주먹씩 뽑은 다음, 3~4주먹 정도의 분량으로 볏집으로 묶어서 모다발을 만들어 모심기 할 논으로 운반하도록 한다. 이 모찌기를 할 때에는 〈모찌는소리〉를 부르면서 모찌기 노동을 한다. 〈모찌는소리〉 가사는 다음과 같다.

모찌는소리

메: 쪘네 쪘네 나도 한 줌 쪘네
받: 쪘네 쪘네 나도 한 줌 쪘네

앞: 이 모를 잘 찌어서
뒤: 쪘네 쪘네 나도 한 줌 쪘네

앞: 풍년농사를 지어보세
뒤: 쪘네 쪘네 나도 한 줌 쪘네

앞: 먼 대 사람 듣기 좋고
뒤: 쪘네 쪘네 나도 한 줌 쪘네

앞: 옆에 사람 보기 좋게
뒤: 쪘네 쪘네 나도 한 줌 쪘네

앞: 잘도나 허네 잘도나 허네
뒤: 쪘네 쪘네 나도 한 줌 쪘네

앞: 우리 논군덜 잘도나 허네
뒤: 쪘네 쪘네 나도 한 줌 쪘네

앞: 여기도 쌍쌍 저기도 쌍쌍
뒤: 쪘네 쪘네 나도 한 줌 쪘네

앞: 쌍쌍으로만 잘도나 허네
뒤: 쪘네 쪘네 나도 한 줌 쪘네

앞: 산천초목은 저 젊어 가고
뒤: 쪘네 쪘네 나도 한 줌 쪘네

앞: 우리네 청춘은 다 늙어가네
뒤: 쪘네 쪘네 나도 한 줌 쪘네

앞: 이 농사를 지어다가
뒤: 쪘네 쪘네 나도 한 줌 쪘네

앞: 추수동장을 허여나 보세
뒤: 쪘네 쪘네 나도 한 줌 쪘네

앞: 쪘네 쪘네 나도 한 줌 쪘네
뒤: 쪘네 쪘네 나도 한 줌 쪘네

앞: 서산으 걸린 해는
뒤: 쪘네 쪘네 나도 한 줌 쪘네

앞: 누구를 못 잊어 못 넘어가나
뒤: 쪘네 쪘네 나도 한 줌 쪘네

앞: 다 되어 가네 다 되어 가네

뒤: 졌네 졌네 나도 한 줌 졌네

앞: 애지중지 모찌기 다 되어 가네
뒤: 졌네 졌네 나도 한 줌 졌네

앞: 집집미다 저녁 연기
뒤: 졌네 졌네 나도 한 줌 졌네

앞: 우리 논군덜 고생들 혔소
뒤: 졌네 졌네 나도 한 줌 졌네

이 <모찌는소리>의 채보 악보는 다음과 같다.[5]

모찌는 소리

---

5   순창 농요금과들소리보존회 편(2022), 『순창 농요금과 들소리집』, 순창: 순창 농요금과들소리보존회, 6~8쪽.

〈사진 76〉 모찌기를 하러 논으로 들어가는 모습 재현(ⓒ허정주, 2024)

모심기: 모심기를 할 때 우리나라에서는 일반적으로 예전에는 일꾼들이 모를 심는 동안에 풍물패가 '모방고'라고 하는 모심는 가락을 쳐주고, 일꾼들은 이 가락에 따라 〈모심는소리〉를 부르면서 모를 심었다 한다.

이 금과면 일대에서는 이 〈모심는소리〉를 '상사소리'라는 노래로 불렀으며, 이곳의 〈모심는소리〉는 조사 기록에 의하면 '긴소리/긴상사소리'와 '잘룬소리/잦은상사소리'의 구분이 없는 것으로 되어 있다.[6]

그리고 이 〈모심는소리〉를 부를 때에는 풍물 반주가 따르지 않는 경우가 많았다고 한다.[7]

한 가지 흥미로운 사실은 이 모심기를 할 때에는 음식 중에 술을 주지 않

---

6   박순호 외(2004), 『순창 구전민요집』, 순창: 순창군청, 7~8쪽.
7   조사일: 2014년 10월 14일, 제보자: 윤오채(남, 1942생). 조사자: 김익두.

았다고 하며, 그 이유는 술을 주면 품앗이꾼들이 술에 취해서 모를 바르게 잘 못 심기 때문이라 한다.[8]

이 금과 들소리의 〈상사소리〉 가사를 보면 다음과 같다.[9]

상사소리

앞 : 자 모 숭굴 준비 다 되 네. 여보소. 농부님네들!
뒤 : 예-!

앞 : 오뉴월이 당도허여, 우리 농군 시절 도로 와버렸네 그려. 모를 심으면서 상사소리를 해보세에-!
뒤 : 그러세에-!

앞 : 여-허이 여-허이, 여허-이 여허루, 상-사아아, 뒤-이혀-
뒤 : 여-허이 여-허이, 여허-이 여허루, 상-사아아, 뒤-이혀-

앞 : 모손을 갈러 쥐고 거듬 거듬 심어나 보세
뒤 : 여-허이 여-허이, 여허-이 여허루, 상-사아아, 뒤-이혀-

앞 : 여기도 꽂고 주인마님 그 자리도 꽂아나 보세
뒤 : 여-허이 여-허이, 여허-이 여허루, 상-사아아, 뒤-이혀-

---

8   조사일: 2014년 10월 14일, 제보자: 윤오채(남, 1942생). 조사자: 김익두.
9   금과들소리보존회, 『순창의 민요 순창군 금과 들소리』(녹음테이프) 소재본.

앞 : 이 농사를 잘 지어서 선영 봉제사나 허여나 보세
뒤 : 여-허이 여-허이, 여허-이 여허루, 상-사아아, 뒤-이혀-

앞 : 앞산은 멀어지고 뒷산은 가까워지네
뒤 : 여-허이 여-허이, 여허-이 여허루, 상-사아아, 뒤-이혀-

앞 : 서 마지기 논배미가 반달만큼 남았네
뒤 : 여-허이 여-허이, 여허-이 여허루, 상-사아아, 뒤-이혀-

앞 : 니가 무슨 반달이냐 초생달이 반달이네
뒤 : 여-허이 여-허이, 여허-이 여허루, 상-사아아, 뒤-이혀-

앞 : 이 논배미를 다 심으면 장구배미로 넘어를 가세
뒤 : 여-허이 여-허이, 여허-이 여허루, 상-사아아, 뒤-이혀-

이 〈모심는소리〉의 곡조를 채보한 악보를 보이면 다음과 같다.[10]

---

10 순창 농요금과들소리보존회 편(2022), 『순창 농요금과 들소리집』, 순창: 순창 농요금과들소리보존회, 9~12쪽.

〈사진 77〉 금과 들소리를 부르며 모심기 재현 모습(ⓒ김익두, 2024)

호미로매기: 모심기를 한 다음 15일 정도 지나면 초벌매기 논매기 작업을 하게 되는데, 이 초벌매기는 호미로 맨다는 점이 특징이다.

이 호미로매기 논매기 작업 때에는 〈문열가〉·〈연꽃타령〉·〈담담설움타령〉·〈오호타령〉·〈방애타령〉·〈오헤소리〉·〈사호소리〉·〈산아지타령〉 등을 다 부를 수 있지만, 특히 〈문열가〉라는 논매기소리를 가장 많이 불렀다고 한다.[11] 이 〈문열가〉 가사를 보면 다음과 같다.

문열가

메 : 자. 농부님데덜.
받 : 예에-!

메 : 모 심은 지가 스무 날이 넘었네. 호무질을 허면서 문열가를 불러보세.
받 : 예에-!

메 : 오늘도 호 호, 오늘도 하 하 하 하, 심심- 허어헛,
    허어허 네에에, 노래 하나, 불러- 어 보세
받 : 오늘도 호 호, 오늘도 하 아 하 아, 심심- 허 허어헛,
    허어허네에에, 노래 하나, 불러-어 보세

메 : 형제에 헤 헤, 형제 에 헤 에 헤, 말을 을 타듯-,
    타고-오 오, 형제 고개- 넘어- 간다
받 : 형제에 헤 헤, 형제 에 헤 에 헤, 말을- 타듯-,
    타고-오 오, 형제 고개- 넘어- 가네

메 : 저 산- 넘에 헤 에 헤 헤, 소첩을-두우훗,
    두고- 오 호, 밤질 걷기- 난감도-허 허네
받 : 저 산-, 넘에 헤 에 헤 헤, 소첩을-두우훗,
    두고- 오 호, 밤질 걷기- 난감도-허 허네

---

11 박순호 외(2004), 앞의 책, 8~9쪽.

메 : 일락서산- 해 떨어-어허지이힛,
　　지이고오호, 월출동령, 달만- 솟네
받 : 일락서산- 해 떨어-어허지이힛,
　　지이고오호, 월출동령, 달만- 솟네

이 <문열가>의 곡조를 채보한 악보를 보면 다음과 같다.[12]

12　순창 농요금과들소리보존회 편(2022), 『순창 농요금과 들소리집』, 순창: 순창 농요금과들소리보존회, 9~12쪽.

〈사진 78〉 금과 들소리 호미질 논매기 장면 재현(ⓒ김익두, 2024)

한벌매기[13] : '호무질'로 하는 초벌매기 작업이 끝난 다음 15일 정도 지나면, 호미를 사용하지 않고 손으로 흙을 손으로 고르며 매는 작업이며, 순서로 두 번째 논매기이지만, 손으로 매는 첫 번째 논매기라 하여 '한벌매기'라 한다. 이 한벌매기를 한 후에 논의 물을 조금 말린다.

이 '한벌매기'를 하는 동안에도 경우에 따라 〈문열가〉·〈연꽃타령〉·〈담담설움타령〉·〈오호타령〉·〈방애타령〉·〈오헤소리〉·〈사호소

---

13   순서로는 '두벌매기'인데 손으로 처음 맨다 하여 '한벌매기'라 부른다.

리〉·〈산아지타령〉 등을 다 부를 수 있지만, 특히 〈연꽃타령〉이란 논매기 소리를 가장 많이 불렀다 한다.[14] 이 〈연꽃타령〉 가사를 보면 다음과 같다.

연꽃타령

선 : 자! 우리 농군네들![15]
패 : 예에-![16]

선 : 호무질 헌 지가 열흘이 넘었네. 한 벌을 맴서 연꽃타령을 불러보세!
패 : 그러세에-!

선1 : 연꽃일레,[17]
패1 : 연꽃일레, 연꽃일레, 광주[18] 계향에나[19] 방죽에나, 연꽃일레,
　　　얼씨구나 정저리사, 절씨구나 정저리사,
　　　음흠, 나니나 좋을씨고[20]

선2 : 활 잘 쏜다,[21]

14　박순호(2004), 앞의 책, 9~10쪽.
15　'선'이란 소리의 맨 처음 부분을 제일 먼저 미리 내는 사람이란 뜻.
16　'패'란 소리를 함께 제창하는 사람들, 곧 소리패란 뜻임.
17　'선1'이란 소리패를 둘로 나누어, 그 중 먼 저번 소리를 하는 소리패의 소리 첫부분을 내는 사람이란 뜻임.
18　다른 곳에서는 '방죽'으로 불려지는 곳도 몇 곳 있음.
19　발음상 "계향에나" 혹은 "개양에나", "계양에나" 등으로 들림. 정읍시 태인면 태흥3리 김복기(남, 72세, 1991.2. 21) "배꽃타령" 민요에서는 "광주 계향에나" 부분을 "방죽이나 주아미"로 부르고, 임실군 지사면 안하리 안하 마을 이덕근(남, 76세, 1990. 12, 13) 옹은 "방죽 저 방죽 안에"로 불렀음.
20　'패1'이란 두패로 나뉜 소리패 중에서 먼저 번에 소리를 하는 소리패에서 맨처음 소리 일부를 내는 사람이란 뜻임.

패2 : 활 잘 쏜다, 활 잘 쏜다, 전주 한량들이 한량들이, 활 잘 쏜다,
　　　얼씨구나 정저리사, 절씨구나 정저리사,
　　　음흠, 나니나 좋을씨고[22]

선1 : 베 잘 짠다,
패1 : 베 잘 짠다, 베 잘 짠다, 남원 도구머리 큰애기가, 베 잘 짠다.
　　　얼씨구나 정저리사, 절씨구나 정저리사,
　　　음흠, 나니나 좋을씨고

선2 : 수 잘 논다,
패2 : 수 잘 논다, 수 잘 논다, 순창 큰애기가 아가씨가, 수 잘 논다.
　　　얼씨구나 정저리사, 절씨구나 정저리사,
　　　음흠, 나니나 좋을씨고

선1 : 논 잘 맨다,
패1 : 논 잘 맨다, 논 잘 맨다, 금과 농군들이 농군들이, 논 잘 맨다
　　　얼씨구나 정저리사, 절씨구나 정저리사,
　　　음흠, 나니나 좋을씨고

이 <연꽃타령>의 곡조를 채보한 악보를 보면 다음과 같다.[23]

21　'선2'란 둘로 나누인 소리패 중 다음번 소리패의 소리 첫대목을 내는 사람이란 뜻임.
22　'패2'란 둘로 나누인 소리패 중 다음번에 부르는 소리패란 뜻임.
23　순창 농요금과들소리보존회 편(2022), 『순창 농요금과 들소리집』, 순창: 순창 농요금과들소리보존회, 9~12쪽.

연꽃타령(한벌 매는 소리)

군벌매기[24] : 두벌매기를 한 다음 15일 정도 지나면 세 번째 김매기를 하는데 이를 '군벌매기'라 하며, 역시 손으로 맨다. 이때에도 〈문열가〉·〈연꽃타령〉·〈담담설움타령〉·〈오호타령〉·〈방애타령〉·〈오헤소리〉·〈사호소리〉·〈산아지타령〉 등을 다 부를 수 있지만, 주로 〈담담설움타령〉·〈오호타령〉·〈방애타령〉이란 세 가지의 논매는소리를 많이 부른다 한다.[25]

이 〈담담설움타령〉·〈오호타령〉·〈방애타령〉 등의 가사와 그 채보 악보를 차례로 보이면 다음과 같다.

담담설움타령[26]

앞 : 자. 우리 농군님네덜!
뒤 : 어-이!

앞 : 우리 한 벌매고 호무질 허고봉개 서러워 죽겄네. 배는 고프고.
   '담담설움타령' 한 번 해보세에!
뒤 : 그러세에-!

앞: 간 디 족족 정들여 놓고 이팔청춘 젊은 년이 떠나간다
뒤: 아하이고, 고호오 담다함 설움 설움이야

---

24 전체 순서로는 세벌매기이데, 손으로 매기로는 두 번째라 하여 '군벌매기'라 부른다.
25 박순호 외(2004), 앞의 책, 11~12쪽.
26 금과 들소리 보존회(연도미상), 『순창의 민요 순창군 금과 들소리』(녹음테이프) 소재본.

앞 : 오동동추야야헤-헤, 달이 동동 밝고-호-오, 임으 생각
　　 절로 호오호 나아하안다-아-하
뒤 : 아하이고, 고호오 담다함 설움 설움이야

앞 : 노자 좋다아하-하, 저젊어 노자아 하-하, 늙고 병들면
　　 못 노호오호 나아한다-하.
뒤 : 아하이고, 고호오 담다함 설움 설움이야

앞 : 가면 가고오-호-오, 말면 말제-헤-헤, 첩첩산중으로
　　 시집 갈까
뒤 : 아하이고, 고호오 담다함 설움 설움이야

이 〈담담설움타령〉의 곡조를 채보한 악보를 보면 다음과 같다.[27]

27　순창 농요금과들소리보존회 편(2022), 『순창 농요금과 들소리집』, 순창: 순창 농요금과들소리보존회, 25~26쪽.

다음으로, <오호타령>의 가사를 보이면 다음과 같다.

오호타령[28]

앞 : 시금에터얼털-얼, 개살구야-하-아, 처녀 어흐 어흐 방에다야, 넣어줄
    꺼어허나-야-하
뒤 : 에헤야, 에헤이이히힛, 에헤헤 어얼싸 좀도 좋네

앞 : 무단헌 사람으-을, 오래다 놓고-호, 문만 어흐 어흐 잠그고야, 남에헤
    간장을 녹인다야-하
뒤 : 에헤야, 에헤이이히힛, 에헤헤 어얼싸 좀도 좋네

---

28 2002년 제43회 한국민속예술축제 출연본.

앞 : 오라는 데으는, 밤에나 가고, 동네 술집 낮에나 가세
뒤 : 에헤야, 에헤이이히힛, 에헤헤 어얼싸 좀도 좋네

앞: 엄동시하에, 달은 동동 밝고, 엣날 생각이 절로 난다
뒤: 에헤야, 에헤이이히힛, 에헤헤 어얼싸 좀도 좋네

이 <오호타령>의 곡조를 채보한 악보를 보이면 다음과 같다.[29]

오호타령(세벌 매기 소리)

---

29 순창 농요금과들소리보존회 편(2022), 『순창 농요금과 들소리집』, 순창: 순창 농요금과들소리보존회, 27~29쪽.

다음으로, <방애타령>의 가사를 보이면 다음과 같다.

방애타령[30]

앞 : 에헤야하-아, 아-하 하 아하, 어-허허이,
　　어허이-루, 어허이-루, 방애헤에야,
　　어허허어허 어허허, 에헤루우,
　　노올세-
뒤 : 에헤야하-아, 아-하 하 아하, 어-허허이,
　　어허이-루, 어허이-루, 방애헤에야,
　　어허허어허 어허허, 에헤루우,
　　노올세-

앞 : 절크덩 덩덩 잘도나 찧어 보세-헤
뒤 : 에헤야하-아, 아-하 하 아하, 어-허허이,
　　어허이-루, 어허이-루, 방애헤에야,
　　어허허어허 어허허, 에헤루우,
　　노올세-

앞 : 이 방애 누 방엔냐 강태공이 조작일세
뒤 : 에헤야하-아, 아-하 하 아하, 어-허허이,
　　어허이-루, 어허이-루, 방애헤에야,

---

[30] 2024년도 사단법인 민족문화연구소 · 전북대 농악/풍물굿연 복원작업본.

어허허어허 어허허, 에헤루우,
　　노올세-

앞: 얼씨구나 좋오타 저젊어서 놀아나보세
뒤: 에헤야하-아, 어-하 하 아히, 어-허허이,
　　어허이-루, 어허이루, 방애헤에야,
　　어허허어허, 어허허, 에헤루우,
　　노올세-

앞 : 떠들어 온다 떠들어 온다 새참거리가 떠들어 온다
뒤 : 에헤야하-아, 아-하 하 아하, 어-허허이,
　　어허이-루, 어허이-루, 방애헤에야,
　　어허허어허 어허허, 에헤루우,
　　　노올세-

앞 : 다 찧었네 다 찧어가네 보리방애를 다 찧었네
뒤 : 에헤야하-아, 아-하 하 아하, 어-허허이,
　　어허이-루, 어허이-루, 방애헤에야,
　　어허허어허 어허허, 에헤루우,
　　노올세-

이 〈방애타령〉의 곡조를 채보한 악보를 보이면 다음과 같다.[31]

31　순창 농요금과들소리보존회 편(2022), 『순창 농요금과 들소리집』, 순창: 순창 농요금과들소리보존회, 30~33쪽.

방애타령(군벌 매는 소리)

〈사진 79〉 금과 들소리 한 벌매기/손으로 매기 재현 장면(ⓒ김익두, 2024)

만드레/만두레 : 군벌매기를 한 다음 다시 10일 전후에 이 네 번째 김기를 하는데, 이를 '말물매기/만물매기' 혹은 '만드레'라 하며, 역시 손으로 맨다. 이 때에도 〈문열가〉·〈연꽃타령〉·〈담담설움타령〉·〈오호타령〉·〈방애타령〉·〈오헤소리〉·〈사호소리〉·〈산아지타령〉 등을 다 부를 수 있지만, 주로 〈오헤소리〉·〈긴사호소리〉·〈잘룬사호소리〉를 부른다 한다.[32]

이 만두리/두레를 할 때 주로 부르는 들소리 〈오헤소리〉·〈긴사호소리〉·〈잘룬사호소리〉의 가사와 곡조 채보 악보를 차례로 보이면 다음과 같다.

---

32 박순호 외(2004), 앞의 책, 12~14쪽.

오헤소리[33]

앞 : 자 농군님네들!
뒤 : 예-이!

앞 : 보리방애도 많이 찧어놓고, 우리 보리밥이라도 배불리 먹어감서, 만드리 노래 한 번 히보세에-!
뒤 : 예-이!

앞 : 오-헤 헤 헤 헤 헤, 헤라하 상사-아뒤이어-혀-허
뒤 : 오-헤 헤 헤 헤 헤, 헤라하 상사-아뒤이어-혀-허

앞: 먼 디 사람은 듣기 좋고 옆에 사람은 보기도 좋게
뒤: 오-헤 헤 헤 헤 헤, 헤라하 상사-아뒤이어-혀-허

앞 : 다 매었네 다 매어 가네 이 논배미를 다 매어 가아네
뒤 : 오-헤 헤 헤 헤 헤, 헤라하 상사-아뒤이어-혀-허

이 〈오헤소리〉의 곡조를 채보한 락보를 보면 다음과 같다.[34]

---

33 2024년도 사단법인 민족문화연구소 · 전북대 농악/풍물굿연구소 복원작업본.
34 순창 농요금과들소리보존회 편(2022), 『순창 농요금과 들소리집』, 순창: 순창 농요금과들소리보존회, 34쪽.

오헤소리

긴사호소리[35]

앞 : 에-헤-라-사-호

뒤 : 에-헤-라-사-호

---

35 기존 자료에서는 이 노래를 '사호소리'로만 기록한 곳도 있으나, 곡조의 빠르기가 달라서 '긴사호소리'로 분리하여 기록함.

앞 : 이쪽 베루[36]는 저쪽을 싸고
뒤 : 에-헤-라-사-호

앞 : 저쪽 베루는 이쪽을 싸세
뒤 : 에-헤-라-사-호

앞: 일락서산에 해 떨어지고
뒤: 에-헤-라-사-호

앞: 골목골목에 연기만 나네
뒤: 에-헤-라-사-호

앞: 해 넘어가네 해 넘어가
뒤: 에-헤-라-사-호

앞: 이 논배미를 다 매고 가세
뒤: 에-헤-라-사-호

이 〈긴사호소리〉의 곡조를 채보한 악보를 보이면 다음과 같다.[37]

---

36 "벼리"의 방언. 그물의 위쪽 코를 꿰어 놓은 줄. 잡아당겨 그물을 오므렸다 폈다 한다.
37 순창 농요금과들소리보존회 편(2022), 『순창 농요금과 들소리집』, 순창: 순창 농요금과들소리보존회, 35쪽.

긴사호소리

〈사진 80〉 사호소리 부르는 장면 재현(ⓒ김익두, 2024)

잘룬사호소리[38]

앞 : 에-헤라 사-호
뒤 : 에-헤라 사-호

앞 : 떠들어온다 떠들어와
뒤 : 에-헤라 사-호

앞 : 새참거리 떠들어와
뒤 : 에-헤라 사-호

앞 : 휘휘 둘러 쌈들 싸세

---

38   기존 자료에는 이 노래를 '사호소리'로만 기록하였으나, 곡조의 빠르기가 달라 '자진사호소리'로 분리하여 기록함.

뒤 : 에-헤라 사-호

앞 : 순창 원님은 곤달로쌈[39]이요
뒤 : 에-헤라 사-호

앞 : 남원 원님은 천엽쌈이요
뒤 : 에-헤라 사-호

앞 : 임실 원님은 해우쌈[40]이요
뒤 : 에-헤라 사-호

앞 : 우리 농군은 상추쌈일세
뒤 : 에-헤라 사-호

앞 : 에-헤라 사-호
뒤 : 에-헤라 사-호

앞 : 고추장 장사는 순창놈[41]
뒤 : 에-헤라 사-호

---

39 표준어로는 곤달비쌈. 곤달비는 식물 국화과의 여러해살이풀. 곰취 비슷하며 나물로 먹으면 맛이 좋다. 어린잎은 식용하고 뿌리는 부인병 치료에 쓴다. 깊은 산에서 자라는데 한국의 전남, 일본 등지에 분포한다.
40 김의 방언.
41 "고추장은 순창골" 이란 판본도 있음.

앞 : 감장사는 임실놈[42]
뒤 : 에-헤라 사-호

앞 : 짐장사는 운봉놈[43]
뒤 : 에-헤라 사-호

앞 : 에-헤라 사-호
뒤 : 에-헤라 사-호

앞 : 바짝바짝 우겨주소
뒤 : 에-헤라 사-호

앞 : 밟어라 밟어 영감도 밟고
뒤 : 에-헤라 사-호

앞 : 밟어라 밟어 머심도 밟고
뒤 : 에-헤라 사-호

앞 : 에-헤라 사-호
뒤 : 에-헤라 사-호

앞 : 소쿠리장시 테 두르듯[44]

---

42 "짐장사는 임실골"이란 판본도 있음.
43 "짐장사는 운봉골"이란 판본도 있음.

뒤 : 에-헤라 사-호

앞 : 망건⁴⁵장사 골 두르듯⁴⁶
뒤 : 에-헤라 사-호

앞 : 에-헤라 사-호
뒤 : 에-헤라 사-호

앞 : 에-헤라 사-호
뒤 : 에-헤라 사-호

앞 : 사-호!
뒤 : 사-호!

앞 : 사-호!
뒤 : 사-호!

앞 : 사호! 사호!
뒤 : 사호! 사호!

---

44 "둘렀네"란 판본도 있음.
45 망건(網巾) : 상투를 튼 사람이 머리카락을 걷어 올려 흘러내리지 아니하도록 머리에 두르는 그물처럼 생긴 물건. 보통 말총, 곱소리 또는 머리카락으로 만든다.
46 "둘렀다"란 판본도 있음. * 망건골(網巾骨) : 망건을 뜰 때에 대고 뜨는 골.

다 : 우위-이!
　　아—아--!
　　우이--이!

〈사진 81〉 '사호소리'를 마치는 장면(ⓒ김익두, 2024)

〈사진 82〉 곤달로풀

이 <잘룬사호소리>의 곡조를 채보한 악보를 보면 다음과 같다.[47]

---

47 순창 농요금과들소리보존회 편(2022), 『순창 농요금과 들소리집』, 순창: 순창 농요금과들소리보존회, 36쪽.

장월리/장원례 : 만두레 '만물매기'가 끝나면 일꾼들이 풍물패들의 질굿가락에 맞추어 덩실덩실 흥겨운 춤을 추며 장원질소리인 〈산아지타령〉을 부르면서 마을로 돌아와 주인집에서 장만해 내온 술과 음식을 마시고 먹으며 즐겁게 잔치를 벌인다.

이 〈산아지타령〉의 가사와 이 노래 곡조를 채보한 악보를 보이면 다음과 같다.

산아지타령[48]

앞 : 자! 우리 농군님네들!
뒤 : 예-이!

앞 : 금년농사, 제초는 마무리했네. 오구사십 억소리 질러들러가면서 장원질소리 한 번 해보세에!
뒤 : 그러세에-!

앞 : 에야 뒤야, 어헤헤헤야, 어-야 뒤혀라, 산아지로고나
뒤 : 에야 뒤야, 어헤헤헤야, 어-야 뒤혀라, 산아지로고나

앞 : 저건너 갈미봉에 비묻어온다 우장삿갓 들쳐메고 집으로가세
뒤 : 에야 뒤야, 에헤헤헤야, 어-야 뒤어라, 산아지로고나

---

[48] 2024년도 사단법인 민족문화연구소 · 전북대 농악/풍물굿연구소 복원작업본.

앞 : 노자 좋다 저젊어 놀아 늙고 병들면 내가 못 놀겠네
뒤 : 에야 뒤야, 에헤헤허야, 어-야 뒤어라, 산아지로고나

앞 : 노다 가세 노다나 가세 저 달이 떴다 지도록 노다 가세
뒤 : 에야 뒤야, 에헤헤헤야, 어-야 뒤어라, 산아지로고나

앞 : 삼각산 몬댕이 비가 온동만동 어린가장품안에서 잠을잔동만동
뒤 : 에야 뒤야, 에헤헤헤야, 어-야 뒤어라, 산아지로고나

앞 : 저기가는 저큰애기 눈매를 보아라 겉눈만 감고서 속눈은 떴네
뒤 : 에야 뒤야, 어허허헤야, 어-야 뒤혀라, 산아지로고나

앞 : 니가 잘나서 일색이드냐 내 눈이 어두워서 환장이로고나
뒤 : 에야 뒤야, 어헤헤헤야, 어-야 뒤혀라, 산아지로고나

앞 : 가면 가고 말며는 말지 어떤 잡년이 비온디 갈까
뒤 : 에야 뒤야, 어헤헤헤야, 어-야 뒤혀라, 산아지로고나

앞 : 말은 가자고 임을 놓고 임은 나를 잡고 낙루를 헌다네
뒤 : 에야 뒤야, 에헤헤헤야, 어-야 뒤혀라, 산아지로고나

앞 : 청천 하늘에는 잔별도 많고 우리 농군 앞길에는 희망도 많네
뒤 : 에야 뒤야, 에헤헤헤야, 어-야 뒤혀라, 산아지로고나

이 장원질소리 〈산아지타령〉의 고조를 채보한 악보를 보면 다음과 같다.[49]

장원질 소리

49 순창 농요금과들소리보존회 편(2022), 『순창 농요금과 들소리집』, 순창: 순창 농요금과들소리보존회, 38~40쪽.

〈사진 83〉
순창 금과 들소리
장원질소리 재현 장면
(ⓒ김익두, 2024)

제8장
순창 농요 금과 들소리의 무형문화유산적 의미와 가치

제8장
순창 농요 금과 들소리의
무형문화유산적 의미와 가치

이상에서 구체적으로 논의한 순창 농요 금과 들소리의 내용을 종합하여, 금과 들소리의 민요학적 특성을 도출·정리해 보면 다음과 같다.

첫째, 순창 농요 금과 들소리는 전북민요 5개 민요권 중에서 '동남부-산간분지 민요권'의 가장 대표적인 들소리이다.

이 민요권에 속하는 임실군·남원군·순창군 지역에서 조사된 대표적인 들소리들로는 임실군 삼계면 두월리 뒷골 들소리, 남원군 대강면 평촌리 평촌 마을 들소리, 순창군 팔덕면 원곡리 내월·외월 마을 들소리, 유등면 건곡리 학촌 마을 들소리, 금과면 매우리 매우·밭매우·신매우 마을을 중심으로 전승되어온 '대장뜰' 들소리 등 3가지 들소리가 있다. 이 중에서 현재 그 전승이 상대적으로 가장 잘 이루어지는 곳은 바로 이 금과면 매우리 매우·밭매우·신매우 마을을 중심으로 전승되어온 금과 들소리 곧 '대장뜰' 들소리이다.

둘째, 이 순창 농요 금과 들소리는 앞장들에서 기술한 여러 측면에서 볼 때, 전북 북동부-산간 민요권과 전북 서북부-평야 민요권 및 서남부-산간평야 민요권, 그리고 전남-동북부 민요권 사이의 **경계지역 민요권**'에 해당하는 지역의 농요 들소리로서의 대표성을 가장 잘 보유하고 있다.

이 점은, 앞장들에서 자세하게 기술한 바와 같이, 이 지역의 들소리는 남도 '육자배기토리'의 민요성을 중심 기반으로 하면서, 동부 '메나리토리', '경토리/남부경리', 그리고 심지어 이마꾼들 및 조선 후기 떠돌이 사당패들 등에 의해 남쪽으로 이동해 들어온 '서도토리' 계통의 민요 전통까지도 받아들여서, 독특한 범지역적인 소리융합 양상을 이루어 놓고 있어서, 민요학자들의 주목을 끌고 있다.

셋째, 전북 동남부-산간분지 민요권의 농요 들소리들 중에서, 그 각 노동 기능[물품기 · 모찌기 · 모심기 · 초벌매기 · 두벌매기 · 만두레 · 장원례 등]에 따른 노래의 분화가 가장 다양하게 나타나고 있다.

임실군 삼계면 두월리 뒷골 마을의 들소리를 보면, 물품는소리인 〈자새질소리〉, 모심는소리인 〈상사소리〉, 논내는소리인 〈문열가/이슬털이〉 · 〈방아타령〉 · 〈연계타령〉 · 〈사랑가〉 · 〈싸호소리〉, 장원례 때 부르는 〈장원질소리〉 · 〈경기산타령〉 등이 전승되어 왔으나, 현재 그 전승력이 약화되어 소멸 직전에 놓여 있다.

남원군 대강면 평촌리 평촌 마을 들소리를 보면, 모심는소리인 〈상사소리〉, 논매는소리인 〈이슬털이/문열가〉 · 〈그물가/연꽃타령〉 · 〈싸호소리〉 등이 전승되어 왔으나, 현재는 그 전승이 완전히 단절된 상태이다.

순창군 팔덕면 월곡리 내월 · 외월 마을의 들소리는, 모심는소리 〈상사소리〉, 논매는소리인 〈문열개/문열가〉 · 〈꺼끄럼염불〉 · 〈두목지기〉 · 〈방아타령〉 · 〈진사허소리〉 · 〈잘룬사허소리〉, 장월질소리인 〈두룸박깨는소리〉 등이 존속했으나, 현재 그 전승이 완전히 끊어진 상태이다.

순창군 유등면 건곡리 학촌 마을의 들소리는, 모심는소리로 〈상사소리〉, 논매는소리로 〈문열가〉·〈그물타령/연꽃타령〉·〈꽃방타령/방아타령〉·〈아래타령〉·〈흥글타령〉·〈성게타령〉·〈호요타령〉, 장원질소리인 〈에야타령〉·〈노향방초〉 등이 전승되어 왔으나, 역시 그 전승이 끊어지기 직전 상태에 놓여 있다.

이에 비해, 본 순창군 금과면 매우리 일대 '대장뜰' 들소리를 보면, 두레로 물을 품을 때 하는 〈물품는소리〉, 모를 찔 때 부르는 〈모찌는소리〉, 모심을 때 부르는 〈상사소리〉, 논맬 때 부르는 〈문열가〉·〈연꽃타령〉·〈담담설움타령〉·〈오호타령〉·〈방아/방애/방개타령〉·〈오헤소리〉·〈사호소리〉, 그리고 논을 매고 마을로 돌아올 때나 장원례 때 부르는 〈산아지타령〉 등이 골고루 분화되어 있어서, 이 동남부-산간분지 민요권 들소리 중에서 가장 다양한 분화를 보이고 있다.

넷째, 가창방식 면에서 보면, 전북민요 5개 민요권 민요들 중에서 논매는소리가 각 기능에 따라 가장 다양하게 분화·발전되어 있어서, 독창·제창·교환창·선후창·제창-교환창·선후창-교환창 등의 가창방식들이 두루 나타나고 있어서, 학술적으로 매우 중요한 양상을 나타내고 있다.

독창만으로 부르는 노래는 없으나, 〈물품는소리〉의 경우에는 물품기 노동을 하는 단 두 사람이 부르는 가창형식이고, 메기는소리가 독창 형태를 띠고 있어서 독창의 가창방식을 접할 수 있다.

제창의 가창방식은 특히 〈문열가〉에서 잘 나타나는데, 〈문열가〉를 부를 때 두 패로 나누어진 노래패가 한 패씩 번갈아 가면서 그 패들 전체가 노래의 한 소절씩을 제창으로 부르기 때문에, 전체적으로는 후렴 없이 번갈아 부르는 '제창-교환창' 가창형식이지만, 각 한 소절의 가창방식은 모두 제창 형식이다.

　교환창의 가창방식은 두 가지로 나타나는데, 하나는 두 패로 나누어진 노래패가 한 패씩 번갈아 가며 부르는 '제창-교환창' 가창방식, 다른 하나는 두 패로 나누어진 노래패가 '선후창' 가창방식의 노래를 서로 번갈아 가며 불러 나아가는 '선후창-교환창'의 가창방식이다.

　'제창-교환창'의 대표적인 사례는 〈문열가〉 분명하게 나타나고, '선후창-교환창'의 사례는 〈담담설움타령〉·〈오호타령〉·〈방아타령〉 등에서 가끔 나타나는 경우가 있다.

　선후창의 가창방식은 가장 폭넓게 나타나고 있어서, 〈문열가〉를 제외한 모든 들소리가 다 이 가창방식을 적극 활용하고 있다.

　다섯째, 창법 면에서 보면, 남도 육자배기토리를 중심으로 하면서도, 서도토리·남부경토리·메나리토리 등, 우리나라 전통 민요에서 나타나는 독특한 지역 토리들이 가장 다양하게 융합되어 나타나고 있다. 금과 들소리 중에서 육자배기토리가 가장 강하게 나타나는 모래는 논매기를 마치고 일꾼들이 마을로 돌아올 때 흥겹게 부르는 노래인 장월질소리인 **〈산아지타령〉**이다.

　동부 메나리토리 음악어법의 전파 영향을 가장 강하게 받은 대표적인 금과 들소리는, 주로 논매기를 시작할 때 부르는 **〈문열가〉**이다. 이 노래는 우리나라 동부 메나리토리의 가창방식인 두 사람 혹은 두 패가 후렴 없이 같은 메나리토리 동일한 곡조로 계속해서 이어 불러 나아가는 두 사람 혹은 두 패 교환창 노래를, 금과 지역에 맞게 두 패로 나누어진 품앗이 논매기 일꾼들이 번갈아 가며 한 소절씩 번갈아 가며 제창으로 부르는 '제창-교환창' 가창방식으로 변이시키고 있다. 그 창법도 동부 메나리토리가 아닌 경토리/남부경토리 창법으로 변이시켜 재창조하였다.

경토리/남부경토리의 음악어법 영향이 가장 강력하게 나타나는 금과 들소리로는 〈방애타령〉·〈담담설움타령〉·〈오호타령〉 등으로 나타난다.

그리고 서도토리 민요의 영향을 가장 크게 반영하는 들소리는 바로 〈연꽃타령〉이다. 이 노래는 처음에는 서도토리로 된 황해도 통속민요였던 것이, 경기도를 지나 전라도로 전파되면서 점차 경토리/남부경토리가 지배하는 민요로 변이된 노래가 되고, 전라도 지역에 정착하면서 여기에 육자배기토리까지 가미된 노래이기 때문이다.[1]

여섯째, 그 계통 면에서 보면, 앞에서 여러 차례 언급한 바와 같이, 남도민요, 서도민요, 동부민요, 경기민요 등, 우리나라 육지부 토착민요 계통들이 이 금과 들소리 속에 두루 변이 혹은 융합되어 나타나고 있다. 이에 관해서는 앞에서 설명하였기 때문에 그 구체적인 기술은 생략하고자 한다.

---

1 손인애(2005), 앞의 논문 참조.

제9장
순창 농요 금과 들소리의 미래와 과제

제9장
순창 농요 금과 들소리의 미래와 과제

　이상에서, 이 책은 순창 농요 금과 들소리의 자연-인문 환경, 이 들소리의 배경이 된 금과면 일대의 역사, 다양한 문화적 맥락들, 이 들소리의 역사적 전개와 전승계보, 이 들소리 전승의 근본 토대가 된 논농사 농업관행과 이 들소리와의 관계, 농업관행에 따라 전개되는 이 들소리의 구체적인 연행 방법과 연행 내용, 그리고 마지막으로 금과 들소리의 무형문화유산적 의미 · 의의 · 가치 등을 비교적 소상하게 기술하였다.
　그렇다면, 이 순창 농요 금과 들소리는 앞으로 어떤 방향과 방법으로 전승 · 보존이 이루어지고 좀 더 바람직한 방향으로 전개되어야 할까. 본 장에서는 이 문제에 관해서 몇 가지 방향과 대안들을 제시하고자 한다.

　첫째, 이 순창 농요 금과 들소리는 지금까지 이루어진 여러 다양한 학술적 규명 자료들을 근거로 볼 때, 그 가치가 전북지역 무형문화유산의 범위를 넘어 전국적인 무형문화유산, 곧 '국가무형문화유산'으로 지정 · 보호되어야만 한다. 그 가장 중요한 이유는 이 농요 들소리가 우리나라 민요/농요 연구에 있어서 민요의 전파 · 변이의 문제를 가장 대표적으로 잘 보여주는 대표적인 사례라는 점이다. 그 구체적인 내막에 관해서는 이 책의 앞장들 특히 '제8장 순창 농요 금과 들소리의 무형문화유산적 의미와 가치'란 장에서 구체적으로 논의한 바 있다.

둘째, 지금까지 외부자/외래적인 요인들에 의해 잘못 왜곡된 전승 내용과 방식은 이 책에서 고증·기술한 방향으로 다시 수정·보완되어야만 한다. 이 문제는 오늘날 우리나라 무형유산들이 어쩔 수 없이 겪게 되는, 외부자적 관점에서 자행되는 다양한 방향에서의 전형典型 왜곡 활동들에 기인하는 것이다. 이 문제는 이 책의 작업을 통해서 거의 온전하게 바로잡혀졌으므로, 이를 근거·토대로 해서 이 순창 농요 금과 들소리는 그동안 잘못 왜곡되었던 부분들이 근본적으로 수정·보완되어야 하며, 특히 가창방식·창법·연행방식 등에서의 수정·보완이 필요하다.

이 작업은 현재 진행 중에 있으며, 이 작업이 매우 긍정적인 것은 이 점들을 수정·보완할 수 있는 각종 원천 자료들 특히 이 금과 들소리의 초기 조사 기록 음원들이 다수 남아 있다는 점이다.[1]

셋째, 무형유산으로서의 '순창 농요 금과 들소리'와 하나의 공연물로서의 '순창 금과 들소리'는 분명하게 구분하여 그 전승 작업이 이루어져 나아가야만 한다. 전자는 그 원형성은 아니라 하더라도 그 본래적인 '전형성典型性'은 분명하게 전승·보존되어 나아가야 한다. 그러기 위해서는 이것은 '순창 농요금과들소리보존회'가 주축이 되어, 이 책에서 자세하게 기술된

---

[1] 이에 관한 주요 음원 자료들로는 다음과 같은 것들이 남아 있다. ① 2001년 2월 22일, 순창 금과농요 시연 녹음자료(1시간), ② 2001년 7월, 순창군 금과면 모정리/매우리 들소리 녹음 자료(1시간), ③ 2001년 7월 27일, 금과농요 관련 금과면 경로당 녹음 자료(1시간), ④ 2001년 7월, 금과농요 연습 기록 자료(44분), ⑤ 2001년 7월, 순창 금과 들노래 녹음 자료(1시간), ⑥ 2001년 8월 2일, 순창 금과농요 녹음자료(1시간 36분), ⑦ 2001년 9월 8일, 금과농요 시연[도청참관] 녹음 자료(1시간 38분), ⑧ 금과면 남계리 유만보씨 녹음 자료(50분), ⑨ 금과면 남계리 유만보씨 녹음 자료(31분), ⑩ 2001년도 순창군 민곡예술제 참가 녹음 자료(50분).

그 본래적인 전형적 모습을 그대로 전승·보존해 나아가야만 한다.

그리고 하나의 전통적인 '공연물'로서의 '순창 금과 들소리'는 이와는 별도로 구분된 단체, 예컨대 '순창 금과 들소리 공연단'과 같은 단체를 따로 조직하여 운영하는 것이 바람직하다. 또한 이러한 단체는 순창군청과 '순창 농요금과들소리보존회'가 협의하여 따로 조직·운영하는 것이 바람직하다 하겠다.

넷째, 이 무형유산의 바람직한 전승·교육을 위한 기반조성이 반드시 필요하다. 주지하다시피, 오늘날 우리나라 무형문화유산들은 그 후계자 및 전승단체의 새로운 젊은 인력의 양성에 매우 심각한 어려움을 겪고 있다. 이 점에 관해서 이 금과 들소리의 경우도 마찬가지로 어려움에 처해 있는 상황이다.

이 문제를 해결하기 위해서는, 순창군 및 순창군 각급 교육기관들과의 긴밀한 협조체제 확립과 이를 바탕으로 유치원·초등학교·중고등학교들에서 금과 들소리 교육이 이루어지도록 하는 교육체계와 교육 프로그램들이 확립되어야만 한다.

이 문제는 비단 무형유산으로서의 '순창 농요 금과 들소리'뿐만 아니라, 하나의 공연물로서의 '순창 금과 들소리'의 보존·전승 면에서도 반드시 필요한 절차와 방법이다.

다섯째, 먼 미래를 위해서는, 가칭 '순창 금과 들소리 공연단'의 조직·운영이 필요하다. 우리나라 무형유산들은 그동안 주로 보존·전승의 문제에 그 초점이 맞추어져 있었고, 그 중심에 바로 국가유산청이 있어 왔다.

그러나, 좀 더 거시적인 시각에서 보자면, 이렇게 보존·전승되어온 국가 무형유산들은 언제까지나 국가 혹은 지자체의 보호 대상일 수만은 없으며, 또 그래서 바람직하지도 않다. 이제는 국가 및 지자체의 보호 대상에만 머무르지 않고, 자발적인 창의적 예술활동을 통해서 스스로 그 보존 세력들이 자생력 있는 예술활동 단체로 거듭날 필요가 있다.

이러한 방향의 좋은 사례 중의 하나가 바로 전북의 경우에는 '무주군 안성면 두문리 두문 마을 낙화놀이'의 경우이다. 이 무주 안성 두문 낙화놀이는 현재 전라북도 뿐만 아니라 전국에서의 초청 공연 주문들이 많아서, 1년이면 보통 전국에 걸쳐 10여 회 이상 공연을 하며 상당한 수입을 올리고 있다.[2] 뿐만 아니라, 무형문화유산으로서의 '무주 낙화놀이' 보존·전승 활동 외에, 따로 '무주 낙화놀이 영농조합법인'을 만들어서, 이 법인의 활동으로 전국 초청 공연을 하여 마을 주민들 및 보존회의 수입을 올리고 있다. 최근에는 전국의 무형유산 전승·보존협회들과의 다양한 연합 사업 방법도 고민하고 실행해 나아가고 있다.

이상에서 언급한 미래지향적인 다양한 방향과 방법들은 많을 수 있으며, 이러한 방향과 구체적인 방법은 결국 지금까지 국가 및 지차제의 재정적 지원으로 겨우 그 명맥만을 유지·보존하는 차원에서, 이제는 전국적-세계적인 방향과 방법으로, 우리나라의 찬란한 무형유산의 자발적-자율적 전국화-세계화의 방향, 곧 그 재정적인 면에서 볼 때 자본주의 수입-지출 유통구조에 능동적으로 적응하는 세계화의 방향과 방법으로 나아가야만 한다는 것을 의미한다.

이 점에서, 순창 농요 금과 들소리도 앞으로 이러한 방향과 방법을 구체적으로 모색·실행해 나아가야만 할 것이다.

---

2 2024년 10월 20일, 무주군 안성면 두문리 두문 마을 이장님 제보.

부록1: 순창농요금과들소리보존회 회원명단

연번	성명	기·예능	주소	비고
1	김봉호	회장	순창군 금과면 대성리 9-16	
2	윤오채	부회장	순창군 금과면 매우길 16	
3	정규상	부회장	순창군 금과면 수양길 19-6	
4	양걸희	사무국장	순창군 금과면 담순로 620-4	
5	이정수	감사	순창군 금과면 대각길 23-45	
6	설재건	감사	순창군 금과면 장장2길 16	
7	전선애	이수자	순창군 금과면 청룡1길 8-3	
8	윤영백	이수자	순창군 순창읍 금산로 34, 온리뷰 2차 201동 501호	
9	김학춘	이수자	순창군 금과면 석촌길 12	
10	박분주	이수자	순창군 금과면 방축1길 7-10	
11	강귀순	이수자	순창군 금과면 목동1길 8-14	
12	최애순	이수자	순창군 금과면 대성길 9-14	
13	심귀옥	이수자	순창군 금과면 신매우길 18	
14	유은숙	상쇠	순창군 금과면 남계리 123	
15	안종문	징쇠	순창군 금과면 밭매우길 10	
16	김상모	북	순창군 금과면 방축1길 22	
17	강병식	수장고	순창군 금과면 남계리 182	
18	설옥순	장고	순창군 금과면 대성길 15-4	
19	설동화	영감	순창군 금과면 내동길 27-9	
20	김태호	일꾼	순창군 금과면 대성길 15-4	
21	권순자	일꾼	순창군 금과면 내동1길 18-1	
22	박길심	일꾼	순창군 금과면 방성리 136	
23	심연옥	일꾼	순창군 금과면 담순로 620-4	
24	유영자	일꾼	순창군 금과면 매우길 26	

연번	성명	기·예능	주소	비고
25	김수현	일꾼	순창군 금과면 청룡1길 8-3	
26	설갑열	일꾼	순창군 금과면 호치길 80-4	
27	설남수	일꾼	순창군 금과면 매우길 26	
28	설양호	일꾼	순창군 금과면 장장2길 12	
29	양동열	일꾼	순창군 금과면 방축2길 40	
30	최순효	일꾼	순창군 금과면 매우길 11-8	
31	강대순	일꾼	순창군 금과면 방축2길 18-8	
32	공순례	일꾼	순창군 금과면 발산길 80-32	
33	김봉례	일꾼	순창군 금과면 장장2길 12	
34	김연순	일꾼	순창군 금과면 장장1길 10-2	
35	김오순	일꾼	순창군 순창읍 민속마을길 39	
36	김옥님	일꾼	순창군 금과면 방축3길 12-1	
37	김옥순	일꾼	순창군 금과면 방축2길 18-3	
38	양선자	일꾼	순창군 금과면 장장2길 16	
39	이명순	일꾼	순창군 금과면 대성길 9-1	
40	주문자	일꾼	순창군 금과면 방축2길 36	
41	최순옥	일꾼	순창군 금과면 장장길 10-5	
42	최정자	일꾼	순창군 금과면 방성리 425	
43	김계순	일꾼	순창군 금과면 장장1길 8	
44	박덕순	일꾼	순창군 금과면 내동길 27-9	
45	이현숙	일꾼	순창군 금과면 대성길 12	
46	윤정옥	일꾼	순창군 금과면 석촌길 10-1	
47	김주연	일꾼	순창군 금과면 청룡길 14-13	

부록2: 순창농요금과들소리보존회 단체사진

강등학,「전국〈논매는소리〉의 기본정보와 분석」,『泮矯語文硏究』8집, 반교어문학회, 1997, 43~122쪽.
강재욱,「전북지역 논매는소리의 분포와 토리 활용 양상」, 한양대 국악과 석사학위논문, 2011.
김대성,「땅밟기: 현장음악 연구 - 전북 익산민요 연구」,『민족음악의 이해』4권, 민족음악연구회, 1995, 355~421쪽.
김성식,「전북지역 논농사 민요 연구」,『농업사연구』6집, 한국농업사학회, 2007, 151~168쪽.
_____,「전북지역 논농사 민요연구」, 전북대학교 석사학위논문, 2006.
김성식·유장영 외,『전북의 민요 마을』, 전주: 전북도립국악원, 1998.
김월덕,「순창군 금과면 모정리 들노래의 지역적 특성과 문화적 전개」,『구비문학연구』19집, 한국구비문학회, 2004, 317~346쪽. [최동현 편 (2005),『판소리의 미학과 역사』, 서울: 민속원, 485~511쪽, 재수록].
김익두 외,『전북의 노동요』, 전주: 전북대박물관, 1990.
_____,『한국민요대전』(전라북도 편 해설집 및 음반), 서울: 문화방송, 1993.
_____,『호남 우도 풍물굿』, 전주 : 전북대학교 전라문화연구소, 1994.
_____,『호남 좌도 풍물굿』, 전주 : 전북대학교 박물관, 1994.
김익두,『한국민요의 민족음악학적 연구: 전북민요의 경우』, 서울: 민속원, 2012.
_____,「민요 '산야/산유화'와 '판소리'의 '노장 산유화조' 및 '진양조'의 관계에 관하여」,『판소리 연구』35집, 판소리학회, 2013, 57~76쪽.
_____,『정읍농악』, 서울 : 한국문화사, 2014.
_____,「한국민요와 한국인의 정서: 전북 동부 산간지역 민요의 경우」,『한국민요학』48집, 한국민요학회, 2016, 107~132쪽.
_____,「지역민요의 지속과 변이, 그리고 그 몇 가지 문제들과 현실적 가능성: 전북 임실 '삼계농요'의 경우」,『한국민요학』49집, 한국민요학회, 2017, 51~72쪽.
_____,「전북민요의 '소용돌이 미학': 노동요를 중심으로」,『한국민요학』22집, 한국민요학회, 2008, 17~27쪽.
_____,「한국민요에 반영된 삶의 의미」,『역사민속학』6호, 한국역사민속학회, 1997, 209~228쪽.
_____,「한국민요의 시학과 정치학」,『한국민속학』30집, 한국민속학회, 1998, 23~48쪽.
_____,「전북민요의 전반적 성격과 지역적 특성」,『국어국문학』116집, 국어국문학회, 1996, 127~156쪽.
김익두,『전북의 민요』, 전주: 전북애향운동본부, 1989.
김익두·허정주 외,『순창 금과 들소리의 민요문화적 의미와 무형문화유산적 가치』, 서울: 민속원, 2014.
김익두 외,『풍류와 풍물굿』, 서울 : 민속원, 2017.
김혜정,『남원지역 사람들의 삶과 노래』, 국립민속국악원, 2001.

김혜정, 「전북 진안군 마령면 민요의 음악적 특징과 지리적·장르적 접변양상」, 『기전문화연구』 40집, 경인교육대학교 기전문화연구소, 2019, 103~123쪽.
나승만, 「전남지역의 들노래 연구」, 전남대 박사학위논문, 1990.
노복순, 「전북민요의 음악적 특성」, 『한국민요대전』, 서울: 문화방송, 1995, 30~35쪽.
손인애, 「토속민요 배꽃타령계통 소리 연구」, 『한국민요학』 17집, 한국민요학회, 2005, 173~208쪽.
양옥경, 「근래 문화재 관련 정책 동향과 '활용주의' 대두 현상에 관한 고찰」, 『한국민요학』 47집, 한국민요학회, 2016, 97~136쪽.
이보형, 「임실군 삼계면 두월리 농요의 특성」, 『2015 한국민요학회 전국학술대회자료집』, 한국민요학회, 2015, 145~155쪽.
이소라, 『순창의 민요』, 순창: 금과들소리보존회, 2005.
이영일, 「전북 노동요 연구」, 전북대학교 석사학위논문, 2000.
이윤선, 「전통문화유산의 지역문화 콘텐츠 활용에 대한 고찰 - 호남지역의 무형문화유산을 중심으로」, 『한국민속학』 49집, 민속학회, 2009, 333~378쪽.
임미선, 「전북민요에서 나타나는 경기, 동부민요적 음악현상」, 『정신문화연구』 제34권 2호, 한국학중앙연구원, 2011, 247~274쪽.
임실군 편, 『임실의 소리, 말천방 들노래』, 임실: 임실군청, 2018.
전주향토문화연구소 편, 『순창 구전민요집』, 순창: 순창군청, 2004, 139쪽.
정병호, 『농악』, 서울: 열화당, 1986.
허정주, 「구비전승 조사 현장에서 나타나는 각종 '담론 구현의 판' 변화와 그 문제점에 관하여」, 『민속연구』 24집, 안동대 민속학연구소, 2012, 215~242쪽.
_____, 「한국 민요의 시대적 컨텍스트 변모에 따른 소리꾼의 변모 양상과 그 문제점: 전북민요의 경우」, 『민속연구』 28집, 안동대 민속학연구소, 2014, 191~219쪽.
_____, 「전북 김제농요 '외에밋들노래'의 지역적 위상과 가치」, 『한국민요학』 47집, 한국민요학회, 2016, 269~296쪽.
_____, 「전북민요의 지역적 특성과 무형문화재 지정문제: 전라북도 민요분야 무형문화재 지정을 위한 문제점 검토와 몇 가지 제언」, 『한국민요학』 49집, 2017, 249~278쪽.
_____, 「발트국가의 인류무형문화유산 '노래와 춤의 축전'을 통해서 본 한국 민요의 전승 방향」, 『한국민요학』 제68집, 한국민요학회, 2023, 63~94쪽.
_____, 「'가왕' 송흥록 생애사의 종합적 고찰」, 『판소리연구』 제33집, 판소리학회, 2012, 385~427쪽.
홍현식 외, 『호남농악』, 문교부 문화재관리국, 1967.

찾아보기

ㄱ

가사 99, 100, 101, 102, 106, 108, 109, 110, 111, 115, 118, 119, 123, 126, 133, 138, 154, 182, 189, 192, 194, 196, 197, 198, 202, 209, 225, 235, 242, 247, 254, 259, 262, 266, 271, 283

가창방식 96, 100, 101, 102, 103, 105, 106, 108, 109, 110, 114, 118, 123, 126, 132, 133, 134, 135, 136, 138, 139, 140, 141, 142, 143, 144, 145, 146, 147, 148, 149, 154, 167, 172, 189, 194, 196, 225, 292, 293, 297

가창자 100, 105, 109, 115, 118, 125, 126, 133, 134, 135, 140, 142, 181

경계지역 22, 86, 116, 120, 122, 291

경토리 26, 82, 84, 85, 86, 87, 88, 95, 96, 120, 121, 125, 291, 293, 294

고려시대 39, 40, 43

고승예불高僧禮佛 형국 30, 31, 32

고인돌 36, 37, 38

곡조 96, 100, 102, 103, 106, 108, 109, 111, 114, 115, 117, 119, 121, 123, 126, 127, 138, 140, 144, 146, 147, 203, 204, 232, 243, 249, 255, 260, 263, 267, 271, 272, 273, 274, 276, 281, 283, 293

공동우물 53

공동체신앙 57

교환창 96, 100, 101, 103, 105, 106, 107, 108, 110, 121, 125, 126, 127, 132, 133, 134, 135, 138, 144, 145, 154, 172, 292, 293

군벌매기 147, 155, 173, 174, 198, 202, 222, 259, 271

그물타령 128, 130, 137, 139, 292

근현대시대 41

금과 들소리 20, 21, 26, 27, 29, 34, 46, 55, 57, 77, 78, 79, 80, 81, 82, 83, 84, 85, 86, 87, 88, 89, 90, 91, 93, 94, 95, 96, 103, 121, 130, 143, 151, 152, 153, 159, 161, 170, 171, 179, 180, 181, 182, 183, 192, 211, 212, 221, 222, 223, 226, 242, 247, 253, 271, 288, 289, 290, 291, 293, 294, 295, 296, 297, 298, 299

찾아보기 305

금과 들소리 위상과 특성 94
금과 들소리에 관한 연구 13
'금과 들소리'에 전파·작동된 한국민요
　들의 음악어법들 94
금과 들소리의 구성요소들 180
금과 들소리의 전개 161
금과 풍물패 212
기우제/무제 60, 61
긴사호소리 148, 174, 202, 203, 215,
　222, 271, 273, 274
긴사호소리 굿가락 217
길굿가락 136, 149, 158, 159, 160,
　212
꺼끄렁염불 131, 133, 134, 135, 141,
　147
꽃방타령/꽃방아타령 137, 139

나

남부경토리 84, 85, 86, 89, 95, 96,
　125, 127, 293, 294
남북국시대 39
남파서실 42, 43, 63, 70, 71
내원/외월마을 들소리 128, 130
내월·외월 마을 들소리 131, 290, 291
노동관행과 금과 들소리 152
노동요 분포 99, 104, 105, 108, 114,
　117, 125
노향방초 128, 130, 137, 142, 292

논매는소리 99, 103, 107, 111, 113,
　117, 121, 122, 126, 128, 129, 130,
　131, 132, 134, 135, 137, 138, 141,
　143, 145, 146, 147, 148, 152, 155,
　158, 160, 194, 198, 222, 259, 291,
　292
논매는소리 굿가락 215

다

담담설움타령 96, 143, 147, 171, 174,
　198, 200, 201, 222, 247, 253, 259,
　260, 271, 292, 293, 294
담담설움타령 굿가락 216
당산 49, 57, 59, 113, 158
당산제 49, 52, 53, 56, 57, 58, 59, 60
도로-교통 24, 25, 27, 84, 86
동남부-산간분지 민요권 124
동남부-산간분지 민요권 민요의 특성
　124
동남부-산간분지 민요권의 들소리 분포
　양상 128
동북부-산간 민요권 97, 98, 99, 102,
　104, 105, 106, 107, 108, 110, 120,
　121, 124, 125, 126, 127, 131, 135,
　138, 144, 145, 154
두름박깨는소리 132
두목지기 128, 130, 131, 134, 135,
　140, 291

들판 31, 55, 90, 108, 143, 211

ㅁ

만드레/만두레 174, 202, 271

매화낙지梅花落地 형국 30, 33

메나리토리 27, 86, 87, 88, 89, 95, 96, 102, 103, 104, 107, 112, 114, 116, 120, 121, 125, 127, 144, 145, 291, 293

명사名士 68

명창 62, 65, 66, 67, 68, 133

모심기 154, 155, 160, 166, 167, 168, 169, 170, 182, 189, 192, 194, 212, 222, 224, 235, 241, 247, 291

모심는소리 99, 100, 102, 103, 110, 111, 117, 121, 122, 128, 129, 130, 131, 132, 137, 138, 143, 144, 145, 152, 169, 192, 214, 215, 222, 241, 243, 291, 292

모찌기 168, 182, 189, 191, 222, 235, 238, 241, 291

모찌는소리 128, 129, 130, 131, 143, 144, 152, 168, 189, 190, 213, 222, 235, 236, 238, 292

모찌는소리 굿가락 213

못자리 모판 만들기 162, 163, 223

무당 62, 117

문열가 87, 95, 96, 128, 130, 132, 133, 137, 138, 143, 145, 146, 156, 171, 172, 174, 194, 215, 217, 222, 247, 248, 249, 253, 259, 271, 291, 292, 293

문열개 128, 130, 131, 132, 138, 145, 291

문학文學 72

문화권 47, 48, 81, 116, 122

물빼기 163, 164, 222, 223

물품기 166, 167, 182, 212, 222, 224, 225, 233, 234, 235, 291, 292

물품는소리 128, 129, 130, 131, 137, 143, 144, 152, 182, 222, 225, 232, 291, 292

물품는소리 굿가락 213

민요民謠 22, 27, 78, 80, 81, 84, 85, 86, 87, 88, 89, 94, 95, 96, 97, 99, 102, 104, 106, 116, 122, 123, 124, 127, 135, 140, 294, 296

민족공연학民族公演學 14

민족음악학民族音樂學 124

민족지民族誌 12, 13

ㅂ

반주악기 103, 107, 108, 113, 116, 119, 127

반주음악 180, 211

방수포 걷기 165, 224

방아타령 94, 128, 130, 135, 136, 171, 174, 215, 291, 292, 293
방애타령 85, 96, 128, 130, 143, 147, 148, 156, 171, 172, 174, 198, 222, 247, 253, 259, 266, 267, 268, 271, 294
배설향裹雪香 62, 65, 66, 68
변이성變異性 10
볍씨가리기 161, 222, 223
복합-가창방식 133, 134, 135, 139
빨래터 53, 54

사

사월초파일 56
사호소리 128, 130, 141, 143, 148, 156, 171, 173, 174, 247, 253, 259, 271, 276, 280, 292
산아지타령 82, 94, 96, 120, 128, 130, 143, 149, 156, 171, 173, 174, 177, 209, 218, 219, 223, 247, 254, 259, 271, 283, 284, 292, 293
산유화토리 87, 113, 116, 125
삼국시대 39
삼한시대 39
상사소리 117, 121, 122, 128, 129, 130, 131, 132, 137, 138, 143, 144, 145, 155, 169, 192, 222, 241, 242, 244, 291, 292

서남부-산간평야 민요권 108, 109, 110, 114, 121, 122, 124, 125, 127, 131, 136, 291
서당書堂 64, 71
서도토리 27, 88, 95, 96, 127, 291, 293, 294
서북부-평야 민요권 97, 106, 108, 110, 114, 115, 116, 121, 122, 124, 125, 127, 129, 131, 136, 148, 291
서해-해안도서 민요권 116, 122
선인독서仙人讀書 형국 30, 32, 33
선택성選擇性 10
선후창 100, 102, 105, 108, 109, 110, 114, 118, 121, 125, 126, 127, 132, 133, 134, 135, 136, 138, 139, 140, 141, 142, 143, 144, 145, 146, 147, 148, 149, 153, 154, 167, 189, 196, 225, 292, 293
설공찬전 69, 72, 73, 75
설날 56
설위薛緯 41, 44, 68, 69, 70, 72, 74
설진영薛鎭永 43, 63, 69, 70, 71
성게타령 128, 130, 141, 292
세시풍속 55
순창 금과 지역 20, 35, 36, 151, 152
순창 금과 지역의 자연-인문 환경 19, 20
순창 농요 금과 들소리의 무형문화유산

적 의미와 가치　289, 290, 296

순창 농요 금과 들소리의 역사와 전승계보　77, 78

순창 농요 금과 들소리의 연행 절차와 방법　221, 222

순창 농요 금과 들소리의 미래와 과제　295, 296

순창 들소리　128, 130, 131

아

아들당산제　60

아래타령　128, 130, 137, 140, 292

에야타령/장원질소리　130

역사　25, 29, 30, 31, 34, 35, 36, 38, 77, 78, 79, 80, 84, 89, 123, 296

연꽃타령　88, 96, 128, 130, 143, 145, 146, 156, 171, 172, 173, 174, 196, 215, 222, 247, 253, 254, 255, 256, 259, 271, 291, 292, 294

연꽃타령 굿가락　215, 216

연속성連續性　10

연자방아　54

오헤소리/긴사호소리　148

오호타령　96, 128, 130, 143, 147, 156, 171, 172, 174, 198, 201, 215, 247, 253, 259, 262, 263, 271, 292, 293, 294

오호타령 굿가락　216, 217

육자배기토리　81, 82, 87, 89, 94, 95, 96, 102, 107, 112, 116, 120, 121, 125, 127, 133, 134, 135, 136, 138, 144, 145, 291, 293, 294

음색·창법　102, 107, 112, 116, 119

이월초하루　56

이정호　90, 91, 143, 153, 181, 211

인문환경　24

입향조入鄕祖　43, 44

자

자연환경　20, 24, 47

잘룬사호소리　136, 174, 202, 204, 215, 222, 271, 276, 281

잘룬사호소리 굿가락　218

장원리/장원례　177, 283

장원질소리　56, 82, 96, 107, 108, 114, 127, 128, 129, 130, 131, 132, 136, 137, 141, 142, 143, 146, 149, 156, 159, 160, 171, 173, 174, 177, 209, 223, 283, 284, 288, 291, 292

장원질소리 굿가락　218

장터-장날　47

장판개張判盖　62, 65, 66, 67, 68

전남지역 문화권　48, 116

전북민요의 민요권 구분　97

전북민요의 민요권별 특성　124

전승계보　77, 90, 181, 211, 296

전통 무속 및 의술 62
정월대보름 56, 60
조선시대 25, 40, 41, 44, 61, 84, 85, 86
주민구성 및 농경지 45
주요 성씨들 43, 44
지역 및 생업비중 98, 104, 108, 114, 116
진사호소리 136

차

칠월백중 55, 56
칠월칠석 55, 56
침종浸種 161, 162, 222, 223

타

토종 유전자 123

파

푸닥거리 63

품앗이꾼들 169, 180, 181, 192, 211, 242
풍물패 굿가락 211
풍수형국 27, 31, 33, 34

하

학촌마을 들소리 128, 130
한국민요의 남도적 터미널 93, 94
한벌매기 88, 155, 172, 173, 195, 196, 222, 253
한약방 및 침술 63
할머니당산 51
할머니당산제 58, 60
할아버지당산 50, 58
할아버지당산제 58
호미로매기 155, 170, 172, 194, 222, 247
호요타령/사호소리 141
흥글타령 128, 130, 140, 292

글쓴이

김익두 金益斗 Kim, Ik-doo
전북대 국문과 교수 · 전북대 농악/풍물굿연구소장 · 한국연구재단 해외파견교수[미국 콜로라도대학교] · 옥스퍼드대학교 울프슨칼리지 및 동양학연구소 초빙교수 · 문화재청 문화재전문위원 · 민요학회 회장 · 공연문화학회 회장 · 풍물굿학회 회장 · 판소리학회 부회장 등을 거쳐, 현 사단법인 민족문화연구소장. 정읍학연구회장. 저서로『한국 민족공연학』·『판소리, 그 지고의 신체전략』·『상아탑에서 본 조용필의 음악 세계』·『한국 마을굿/동제의 전승과 정읍 내동마을 당산제』외 60여 권의 책과 100여 편의 논문들이 있음.

허정주 許正珠 Heo, Jeong-Joo
전북대학교 국문과 문학박사. 원광대, 전북대, 군산대 등에서 강사. 몽골 울란바토르대학교 연구교수 등을 거쳐, 현재 전북대 농악/풍물굿연구소 책임연구원 · 아주자동차대학교 초빙교수, 전북특별자치도 문화재위원회 전문위원, 올댓해리티지연구소 소장이며, 저서로『호모 서커스』·『풍류와 풍물굿』·『성당포 농악』·『전주 기접놀이』·『샘고을 원촌마을』·『샘고을 원정마을』·『민요와 소리꾼의 세계』·『샘고을 대흥리 마을』·『증편 한국구비문학대계』(무주군 · 진안군 · 익산시 편) ·『전주농악』외 다수 논문이 있음.